KB220557

101가지
쿨하고 흥미진진한
신화 이야기

독서 습관을 기르는 쿨 스토리 5

101가지 쿨하고 흥미진진한 신화 이야기

글 한주, 윤지웅 • 그림 신지혜

유아이북스

들어가며

신화는 이야기 자체만으로도 재미있지만, 잘 들여다보면 당시 사람들의 삶의 모습을 엿볼 수 있어. 그리고 신화에서 주는 교훈도 찾아볼 수 있지. 신화가 오랜 시간 동안 전해져 오고 사랑받으며 회자되는 것도 그래서일 거야.

이 책에는 우리가 잘 아는 그리스 로마 신화에서부터 한국, 일본, 중국의 신화까지 다양한 나라들의 신화이야기를 담아 놓았어. 나라마다 신화이야기를 비교해 가면서 보는 것도 재밌을 거야. 비슷하면서도 다른 신화에서 나라마다의 특징을 발견해 내면서 말이지.

그럼 시간 여행을 떠나는 마음으로 다음 장을 넘겨볼까?!

작가 한주

기원전 1300년에 만들어진 최초의 신화인 길가메시 서사시부터 현대까지 신화는 수도 없이 많이 만들어졌어. 소문으로 만들어진 신화와 신앙에서 발전된 신화, 그리고 먼 옛날부터 전해진 신화까지 정말 무궁무진하지. 하지만 사람들에게 잊히고 있는 신화도 많이 있어서 이 책을 통해 많이 알려지지 않은 신화도 담으려고 노력했어.

처음 읽는 신화는 분명 재미있고 흥미로울 거야. 마치 짧은 동화처럼 말이지. 그러니 어서 이 장을 넘겨 새로운 신화를 만나러 함께 가보자!

작가 윤지웅

차 례

그리스 로마 신화

한국 신화

일본 신화

중국 신화

그리스 로마 신화

올림포스의 신들

제우스 • 올림포스산의 지배자, 신들의 왕, 벼락과 천둥의 신 등 온갖 멋진 수식어가 붙은 제우스지만 이런 권위에 올라가기까지 많은 어려움이 있었어. 아버지 크로노스와 티탄 신족, 가이아의 자식들인 기간테스와 싸웠고 다음은 티폰이었어. 티폰과의 전투에서 팔다리의 힘줄이 끊어졌다가 헤르메스의 도움으로 이어 붙이고 에트나산을 던져 티폰을 봉인했지.

헤라 • 헤라는 제우스와 형제 관계지만 결혼식을 올렸어. 그렇게 헤라가 마지막 부인이 되었어도 제우스는 계속 많은 여자를 만났고 헤라는 질투심에 제우스와 만난 여인들을 벌줬어. 하지만 헤라는 일부일처제를 따른 그리스인들에게 본보기가 되어 숭배를 받았지.

포세이돈 • 삼지창을 든 바다의 신. 그가 어떻게 바다의 신이 되었냐면 바로 제비뽑기야. 티탄 신족과의 전쟁이 끝나고 제우스, 포세이돈, 하데스는 제비뽑기를 했고 포세이돈이 바다를 뽑으면서 바다의 신이 되었어.

데메테르 • 데메테르는 농사와 대지의 여신이야. 그런데 하데스가 데메테르의 딸을 납치하자 그녀는 세상을 돌보지 않았어. 점차 농작물과 사람들까지 죽자 제우스조차 쩔쩔매며 하데스에게 데메테르의 딸을 돌려달라고 명했어.

아테나 • 전쟁과 지혜의 여신 아테나는 조금 특이하게 태어났어. 제우스의 할머니 가이아는 메티스가 딸을 낳으면 제우스와 같은 힘을 가질 것이고 아들이 태어나면 제우스보다 뛰어날 거라는 예언을 했어. 결국 제우스는 임신한 메티스를 통째로 삼켰는데 시간이 지나 극심한 두통에 머리를 쪼개자 무장한 여신 아테나가 태어났지.

헤파이스토스 • 대장장이 신으로써 신들의 무기는 물론 집까지 만든 헤파이스토스는 제우스와 헤라 사이에서 태어났지만 못생긴 얼굴에 한쪽 다리를 사용할 수 없었어. 헤라는 올림포스에서 아기를 던졌고 바다에 떨어진 헤파이스토스는 렘노스섬으로 가게 되었지. 그의 절름발이는 자식들한테까지 유전되었어.

아폴론 • 아폴론은 태양의 신이지만 예언의 신이기도 해. 어머니를 괴롭힌 피톤을 죽이고 그가 지켰던 델포이의 가이아 신전을 자신의 신전으로 만들었어. 제우스의 말을 대신 전해서 예언의 신이 되었지. 사람들은 그 예언을 델포이 신탁으로 불렀어.

헤르메스 • 도둑의 신이자 여행, 상업의 신인 헤르메스는 제우스와 티탄족 마이아 사이에서 태어났어. 그는 태어나자마자 아폴론의 소 떼를 훔치고 거북이 등껍질과 소의 힘줄로 리라라는 악기를 만들었어. 아폴론이 리라를 갖고 싶어해서 소 떼와 교환했지.

아레스 • 전쟁의 신인 아레스는 제우스와 헤라 사이에서 태어난 아들이야. 같은 전쟁의 신이지만 침착한 아테나와 다르게 아레스는 폭력적이고 야만적이었지. 그래서 아버지 제우스조차 아레스보다 아테나를 더 좋아했어.

아르테미스 • 아르테미스는 달의 여신이자 사냥과 순결의 여신이야. 아르테미스는 아버지 제우스에게 평생 순결하게 해달라 부탁했고 올림포스보다 숲속에서 자신을 따르는 여성들과 사냥하며 살았어.

아프로디테 • 아프로디테는 우라노스의 피가 바다에 떨어지며 생겨난 여신인데 얼굴부터 몸까지 완벽해서 미의 여신으로 불렸고 제우스가 신들의 왕이 되자 12주신의 자리에 미의 여신으로써 앉게 되었어.

디오니소스 • 어린 디오니소스는 친한 친구인 암펠로스가 죽자 눈물을 흘렸는데, 그 눈물이 포도주가 되어 슬픈 감정을 사라지게 하고 행복한 감정을 느끼게 했어. 그렇게 디오니소스는 술의 신이 되었어.

001 제우스의 탄생과 성장

신들의 왕, 천둥과 번개의 신인 제우스는 강력한 힘을 가지고 있지만 사실 태어나자마자 죽을 뻔했던 사실을 알고 있니? 그것도 자신의 아버지에게 말이야! 한 번 자세히 들어보지 않겠어?

제우스는 하늘의 신 크로노스와 레아의 사이에서 태어났단다. 크로노스는 자식에게 자리를 빼앗기게 된다는 아버지의 저주 때문에 레아가 낳은 아들과 딸들을 모두 한입에 꿀꺽 삼켜버렸지. 그래서 레아는 어머니인 대지의 여신 가이아를 찾아가 남편이 자식들을 못 먹게 도와달라고 부탁했어. 가이아는 제우스가 태어나면 포대에 제우스 대신 돌을 넣어서 크로노스에게 주라고 답했단다.

다음 날 레아는 아기를 낳았다고 말하면서 돌을 넣은 포대를 크로노스에게 줬어. 크로노스는 그대로 돌을 삼켰지. 한편 가이아는 요정들에게 제우스를 맡기면서 훗날 신들의 왕이 될 아이니 튼튼하게 잘 키우라고 명령했어. 이렇게 제우스는 아버지를 피해 요정들에게 보살핌을 받으면서 청년으로 빠르게 자랐어. 성장한 후에 크로노스의 배 속에 있는 형들과 누나들인 헤스티아, 데메테르, 헤라, 하데스, 포세이돈을 꺼내면서 크로노스와 전쟁을 벌이게 되었는데 10년 동안 이어진 전쟁 끝에 제우스가 가까스로 승리하면서 신들의 왕이 되었단다.

002 제우스를 속인 프로메테우스의 최후

프로메테우스는 크로노스의 아들이야. 하지만 크로노스를 몰아낼 때 제우스의 편에서 많은 조언을 했기 때문에 제우스는 프로메테우스를 좋아하고 신뢰했어. 하지만 이런 관계도 깨지게 되었단다.

시작은 제우스의 고민이었어. 제우스가 신들의 왕이 되면서 신들의

관계는 안정시켰지만 인간과 신들의 관계를 골치 아파했어. 인간은 신들과 비교하면 너무나도 약하고 영원히 살지도 못했으니까. 그래서 프로메테우스를 불러 자신의 고민을 말하기도 했었어.

어느 날, 프로메테우스는 황소 하나를 잡아 뼈와 살점으로 나누었어. 먹을 부위가 없는 뼈 위에는 기름진 비계를 덮어 맛있게 보이게 만들었고 살점 위에는 피가 많은 내장으로 덮어놓았어. 프로메테우스는 제우스에게 두 종류의 고기를 바치면서 “제우스님이 드시는 것이 인간들이 신에게 바칠 것이 될 것입니다”라고 말했어.

당연히 제우스는 프로메테우스가 자신을 속이는 것을 알았지만 비계가 있는 뼈를 골랐어. 그리고는 자신을 속이려 한 프로메테우스에게 벌을 주는 대신 인간들이 다시는 불을 못 쓰게 만들었어.

추운 밤을 견디게 해 주거나 고기를 구울 불이 없으니 인간들은 죽어 갔고 인간들을 아낀 프로메테우스는 신들이 쓰는 불을 훔쳐 인간들에게 전달했지. 이 소식을 들은 제우스는 크게 화를 내면서 프로메테우스를 코카서스 바위에 묶이게 한 뒤에 독수리가 매일 그의 간을 빼먹는 벌을 내렸어. 불사신인 프로메테우스는 간을 먹혀도 재생했기 때문에 몇백 년 동안 간이 먹히는 고통을 느끼게 되었단다.

99퍼센트가 모르는 그리스 로마 신화 이야기

프로메테우스가 묶인 코카서스 바위는 현실에 존재하는 해발 5,642 미터 캅카스 산이야. 프로메테우스는 헤라클레스의 열두 과업에서 지혜를 빌려주었고 헤라클레스는 보답으로 독수리를 죽이고 프로메테우스를 해방시켜 줬어.

003 판도라의 상자

판도라라는 여성이 상자를 열자, 악이 세상에 퍼져 사람들이 나쁜 일을 저지르기 시작했다는 이야기가 있어. 이 판도라의 상자에 대해서 알

아보자!

어느 날, 제우스는 대장장이의 신인 헤파이스토스에게 미의 여신 아프로디테와 닮은 인간 여성을 만들라고 명령했어. 이것이 최초의 인간 여성이었지. 헤파이스토스가 인간 여성을 완성하자 제우스는 신들을 모아 이 인간 여성에게 너희들의 쓸데없는 장점들을 하나씩 주라고 명령했어. 제우스는 인간 여성에게 모든 것의 선물이라는 뜻인 판도라라는 이름을 지어주고 에피메테우스에게 선물로 판도라를 줬어. 그리고 상자 하나를 주며 절대 열지 말라고 했지.

에피메테우스는 판도라에게 반해서 함께 인간세상으로 내려가 평화롭게 살았어. 그러던 중, 판도라는 상자를 발견하게 되고 호기심에 못

이겨 상자를 열고 말았어. 결국 상자에 가둬뒀던 욕심, 시기, 원한, 질투, 복수, 슬픔, 미움 등 세상에 악이 퍼져나가고 말았고 이 때문에 사람들은 서로 다투기 시작했어. 놀란 판도라가 급히 상자를 다시 닫았고, 상자 안에는 희망만이 남아 있었지. 그래서 악으로 가득한 이 세상 속에서도 사람들은 희망을 품으면서 살 수 있게 되었단다.

99퍼센트가 모르는 그리스 로마 신화 이야기

판도라의 상자는 사실 상자가 아닌 항아리야. 잘못 알려진 이유는 라틴어로 잘못 번역된 상태로 화가들이 그림을 그려서 판도라의 항아리가 아닌 판도라의 상자로 기억되었어.

004 오만한 탄탈로스

신들과 가까이 지낸 인간이었던 탄탈로스가 자신의 신분을 잊고 오만함에 빠져 몰락하고 말았던 이야기를 들려줄게.

탄탈로스는 제우스와 요정 플루트의 아들이자 프리가이아의 왕이었어. 그래서 제우스와 얘기도 많이 나눴고 친하게 지낼 수 있었지. 어느

날, 제우스는 탄탈로스에게 신들만 참석하는 연회에 참석해도 좋다고 말했어. 탄탈로스는 신난 마음으로 연회에 참석했지. 연회에서 탄탈로스는 신들의 음식인 암브로시아를 먹고 음료인 넥타르를 마셨어. 연회가 끝나고 신들이 모두 나갈 때 탄탈로스는 음식들을 훔쳐 프리가이아로 돌아왔어. 그리고 훔쳐 간 신들의 음식과 음료를 먹고 마시며 신들을 무시했지.

탄탈로스는 점점 오만해져 신들을 시험하려고 자기 집으로 초대했어. 그리고 친아들인 펠롭스를 죽여 음식으로 만들어 내놓았어. 신들은 단번에 이 음식이 펠롭스란 걸 깨달았어. 다만 딸 페르세포네를 잃은 데메테르는 슬픔에 빠져서 제대로 판단을 못 했고 그만 음식을 조금 먹고 말았지.

운명의 여신 클로트는 펠롭스를 다시 살려놓았고, 제우스는 화가 나서 벼락을 내려 탄탈로스를 죽였어. 그리고 탄탈로스의 영혼은 저승세계에서 영원히 고통받도록 저승의 연못에 감금시켜 버렸어.

탄탈로스가 물을 마시려고 하면 연못의 물은 사라졌고 탄탈로스가 머리 위에 있는 과일나무를 향해 손을 뻗으면 과일나무는 탄탈로스에게서 멀어졌어. 그렇게 오만한 탄탈로스는 저승의 연못에서 끝없는 갈증과 배고픔을 느끼면서 영원히 고통받았단다.

005 큰 곰 자리, 작은 곰 자리의 기원

북두칠성은 항상 북쪽에 있어서 여행자들이 길을 잃으면 길을 찾을 수 있는 안내자 역할도 해. 이런 북두칠성이 어떻게 해서 생겨났는지 같이 알아볼까?

아르테미스의 여사제 중에 칼리스토라는 아르카디아의 공주가 있었어. 순결을 잃지 않겠다고 아르테미스에게 약속하고 고향을 떠나 신전에서 지내고 있었지. 칼리스토는 공주답게 매우 아름다운 미모를 가지고 있었는데 이런 아름다운 외모 때문에 제우스가 그녀에게 반해버렸

고, 칼리스토는 제우스의 아이를 임신하고 말아. 여사제들과 아르테미스에게 임신한 사실을 숨겼지만, 시간이 지나 들켜버렸고 아르테미스의 신전에서 쫓겨났어.

모든 것을 잃은 칼리스토는 떠돌이 생활을 하면서 아르카스라는 남자 아이를 낳았어. 아르카스가 제우스의 아이라는 소식을 들은 헤라는 불같이 화를 냈고, 칼리스토를 곰으로 만들었어. 제우스는 칼리스토에게 미안해서 아르카디아의 왕이자 칼리스토의 아버지인 리카온에게 아르카스를 맡겼어.

시간이 지나 어른이 된 아르카스는 왕자에서 왕이 되었어. 어느 날,

사냥하러 간 숲에서 곰으로 변한 칼리스토를 만났어. 칼리스토는 아들을 보자마자 반가운 마음에 달려들었지만, 아르카스는 곰이 자신을 죽이려는 줄 알았지. 아르카스는 곰에게 활을 쏘려 했고, 그 순간 제우스가 칼리스토와 아르카스를 하늘로 올려 칼리스토는 큰 곰 자리 별로, 아르카스는 작은 곰 자리 별로 만들었단다.

006 암소로 변신해야 했던 이오

헤라는 제우스가 여자들을 만날 때마다 대상인 여자를 저주하거나 남편을 몰래 지켜보는 등 질투심이 강한 여신이야. 헤라의 질투심에 당한 이오의 이야기를 해줄게.

제우스와 이오는 서로 사랑했는데 헤라에게 들키고 말았어. 놀란 제우스는 이오를 암소로 변신시켰는데 헤라는 암소를 자신에게 달라고 말했어. 사실대로 말하면 이오가 죽을 것이 뻔히 보였기에 제우스는 어쩔 수 없이 암소를 헤라에게 줬고 헤라는 온몸에 눈이 100개가 달린 아르고스에게 암소를 지키고 감시하라고 명령했어. 아르고스는 잠을 잘 때에도 눈 몇십 개는 뜨고 자기 때문에 이오가 도망치려고 하면 바로 알 수 있었거든. 그래서 이오는 제우스가 구하러 오길 기다리며 지냈어.

제우스는 이오를 구해야 하는데 자신이 직접 나서면 안 되기에 아들 헤르메스를 불러 이오를 풀어달라고 명령했어. 헤르메스는 목동으로 변신해 아름다운 피리 소리를 내며 양 떼를 끌고 아르고스의 앞에 나타났어. 목동이 헤르메스인 걸 눈치채지 못한 아르고스는 피리 소리를 더 내달라고 목동에게 부탁했지. 헤르메스는 잠이 오는 소리를 내며 아르고스의 모든 눈을 감기게 했어.

헤르메스는 이오를 풀어주었고 제우스는 이오와 더 이상 만나지 않겠다고 헤라와 약속한 후에 이오를 본래의 모습으로 돌아오게 해 줬어.

경우에 따라 이오가 소일 때 이집트 나일강을 건넜다고도 말해. 그리고 제우스와 헤라가 화해하고 헤라가 이오를 본래의 모습으로 돌려놓자 많은 이집트 사람이 그 모습을 봐서 소를 신으로 받들고 이오를 이집트의 여신 이시스로 추앙했다는 신화도 있어.

007 제우스에게 도전한 신들

신들의 왕 제우스를 못마땅하게 여긴 신들은 많았어. 헤라도 그들 중 하나였지. 그래서 헤라를 필두로 제우스에게 불만이 있는 신들이 제우스에게 도전했단다.

제우스를 싫어하는 신들을 모아보니 바다의 신 포세이돈, 태양의 신 아폴론, 지혜의 신 아테나가 모였어. 헤라는 자신까지 올림포스 주신 네 명이 모였으니, 이들과 함께라면 제우스를 몰아낼 수 있을 것 같아 기뻐하며 계획을 세웠어.

결전의 날이 다가왔고 제우스는 마침 잠을 자고 있었지. 신들은 단단한 쇠사슬로 제우스를 결박했어. 하지만 티탄 중의 하나인 바다의 여신

테티스가 강력한 힘을 가진 헤카톤케이레스 형제 중 둘째인 브리아레오스에게 제우스를 지켜달라고 부탁했고, 브리아레오스는 올림포스 주신들이 바로 앞에 있음에도 무서워하지 않고 제우스를 지켰어.

브리아레오스는 우라노스에 필적하는 힘을 가졌기에 올림포스 주신들이라도 아무것도 하지 못하고 제우스를 풀어주고 말았지. 테티스에게 반란의 얘기를 들은 제우스는 화를 내면서 포세이돈과 아폴론을 트로이의 왕 라오메돈의 노예로서 트로이의 성벽을 쌓으라는 벌을 내렸는데 헤라와 아테나에게는 아무런 벌을 내리지 않았어. 그리고 도움을 준 테티스에게는 아들인 아킬레우스를 그리스 로마에서 최고의 영웅으로 만들어 줬지.

008 포세이돈의 분노

포세이돈은 바다의 신이라서 바다를 마음대로 조종할 수 있는 강력한 힘을 가지고 있어. 그래서 헤라가 제우스에게 도전할 때 포세이돈도 가담했지만, 결과는 실패로 돌아갔고 아폴론과 함께 라오메돈 왕이 지키는 트로이의 성벽을 짓는 벌을 받게 되었어.

성벽을 다 지은 아폴론과 포세이돈은 라오메돈 왕이 주는 보수를 기다리고 있었는데 귀를 자르고 노예로 팔겠다는 협박에 무척 화가 났어. 그래서 아폴론은 트로이 전체에 전염병을 뿌렸고, 포세이돈은 트로이를 멸망시킬 생각으로 바다괴물을 소환시켰어. 라오메돈 왕은 자신이 실수했다는 걸 깨닫고 딸 헤시오네를 바다 괴물에게 바치려고 했어.

그런데 그 순간! 갑자기 나타난 헤라클레스가 바다괴물을 죽여 버렸어. 포세이돈은 자신의 바다 괴물이 죽자 크게 분노했지만, 상대가 최강의 인간 영웅인 헤라클레스라서 어떻게 할 수 없었어. 결국 화를 가라앉히며 바닷속 왕궁인 아틀란티스로 돌아갔단다.

009 바다의 왕국 아틀란티스

아직도 많은 사람이 바닷속에는 아틀란티스가 있다고 믿고 있어! 그런데 아틀란티스는 왜 바닷속으로 가라앉은 걸까?

아틀란티스는 섬이지만 대륙이라 불러도 손색이 없을 만큼 거대했어. 아틀란티스에는 클레이토라는 여성이 있었는데 그녀는 포세이돈과 열 명의 자식을 낳았어. 포세이돈은 자식들을 위해 아틀란티스에 강들과 샘, 여러 과일나무와 식물들을 만들어 선물했지.

시간이 지나 아틀란티스에 많은 사람이 살게 되자 포세이돈은 열 명의 자식에게 똑같은 크기로 땅을 나눠 다스리게 했는데 첫째인 아틀라

스가 높은 리더십으로 형제들을 지도하고 사람들의 왕으로 군림하게 되었어. 그래서 포세이돈은 그의 이름을 따서 섬의 이름을 아틀란티스라 정했어. 아들인 아틀라스가 잘 다스릴 거라 믿으며 말이지.

하지만 포세이돈의 바람과는 달리 사람들은 선물 받은 강과 과일나무로 먹고 마시며 일을 하지 않았고 점차 아틀란티스는 몰락하게 되었어.

한편 제우스는 아틀란티스와 인간들이 타락해지자, 대홍수를 내려야겠다고 결심했고 데우칼리온과 피라가 탄 방주를 제외한 모든 것을 멸망시켰어. 이때 섬인 아틀란티스는 바닷속 깊은 곳으로 가라앉았고 포세이돈은 멸망한 아틀란티스를 다시 일으키기 위해 바닷속 아틀란티스를 자신의 왕국으로 정했던 거야.

신화에서는 헤라클레스의 기둥이 있는 지브롤터 해변 앞에 아틀란티스가 있다고 표현되지만 아직까지 발견되지 않았어. 하지만 신화 속 이야기라고 생각했던 트로이 유적지가 발견되었으니 아틀란티스도 언젠가 발견되지 않을까?

010 미의 여신 아프로디테의 탄생

그리스 로마 신화의 제일가는 미모를 가진 여신 아프로디테! 그런데 아프로디테는 어떻게 아름다운 미모를 가지게 된 걸까?

아프로디테의 탄생을 알려면 그리스 로마 신화의 시간의 신 크로노스 시대로 가야 해.

크로노스는 대지의 여신 가이아와 하늘의 신 우라노스의 막내아들인데 우라노스가 가이아가 낳은 자식들인 키클롭스와 헤카톤케이레스 형제들을 힘이 강하다는 이유만으로 지하세계의 감옥 타르타로스에 가둬버린 거야! 가이아는 자식들이 갇히니 화가 났고 남편이자 신들의 왕으로 군림하고 있던 우라노스를 내쫓아버리기로 결심했지.

그래서 자신이 직접 만든 낫을 티탄들에게 보여주며 "누가 이 낫으로 우라노스를 벨 것이냐?"라고 물으니 아무도 말하지 않았어. 모두 우라노스의 강력한 힘이 두려운 거였지. 그때 티탄들의 막내인 크로노스가 당당하게 낫을 들고 "제가 우라노스를 해치우고 오겠다"라고 말한 거야. 가이아는 기뻐하며 자신과 우라노스가 만나는 날을 크로노스에게 알려주고 그때 우라노스를 베라고 명령했지.

가이아가 말한 날이 되자 우라노스는 가이아를 만나러 하늘에서 땅으로 내려왔어. 그 순간! 크로노스가 낫으로 우라노스를 베었고 우라노스는 놀라서 그대로 도망쳤지. 그리고 이때 우라노스의 피가 바다로 떨어졌는데 피에서 거품이 일어나더니 미의 여신 아프로디테가 탄생했어.

아프로디테는 바닷물에 이끌려 키프로스섬에 도착했지. 섬의 여신들은 아름다운 미모를 가진 아프로디테가 지나갈 때마다 꽃이 피어나자 보통 여자가 아니란 걸 깨닫고 미의 여신 아프로디테라고 말하며 그녀를 잘 보살폈어. 제우스가 신들의 왕이 되자 올림포스의 신들은 아프로디테를 미의 여신으로 올림포스 12 주신의 자리에 앉게 했단다.

011 헤파이스토스와 헤라

그리스 로마 신화의 대장장이 신 헤파이스토스는 어떤 삶을 살았을까? 헤파이스토스는 헤라와 제우스 사이에서 태어난 장남인데 헤라는 헤파이스토스의 얼굴을 보자마자 깜짝 놀랐어. 갓 태어난 아기가 너무나도 못생기고 한쪽 다리를 못 움직이는 장애를 가지고 태어났거든. 자신을 포함한 신들은 모두 예쁘고 잘생겼는데 헤파이스토스만 이러니 헤라는 아들에게 혐오감이 생겼고 결국 아들을 바다에 내던져 버렸어.

다행히 바다의 여신 테티스와 에우리노메가 바다에 빠진 헤파이스토스를 구조하고 렘노스섬에서 9년 동안 헤파이스토스에게 여러 가지를 가르쳤는데 이때 헤파이스토스는 자신이 대장장이 일에 재능이 있다는 걸 깨달았어. 그는 많은 물건을 만들면서 재능을 꽃피웠고 헤파이스토스의 물건은 신들도 혹하게 했지.

성인이 된 헤파이스토스는 올림포스로 돌아와 대장장이로서 신들의 무기와 궁전, 물건들을 만드는 일을 맡게 되었어. 그리고 어머니 헤라를 위해 황금으로 만든 의자를 선물했는데 얼마나 예쁜지 모든 신들이 헤라를 부러워했지. 헤라는 어깨를 으쓱하며 신들이 보는 앞에서 의자에 앉았어. 그런데 의자에서 그물이 나오더니 헤라를 가둬버렸어! 자리에 있던 신들은 모두 당황했고 그물을 풀려고 온갖 방법을 써봤지만 불가능했어. 결국 그물을 풀 수 있는 신은 헤파이스토스뿐이란 걸 깨달았지. 헤파이스토스는 렘노스섬에서 대장장이 재능을 꽃피웠지만 어머니 헤라에 대한 복수심과 증오심도 꽃피웠던 거야.

술의 신 디오니소스는 좋은 술을 헤파이스토스에게 먹이고 헤라를 풀어달라고 부탁했어. 헤파이스토스는 미의 여신 아프로디테를 아내로 주면 헤라를 풀어준다고 약속했고 신들은 어쩔 수 없이 아프로디테와 못생긴 헤파이스토스를 결혼시켰어. 그제야 헤라는 그물에서 풀려나 의자에서 벗어날 수 있었단다.

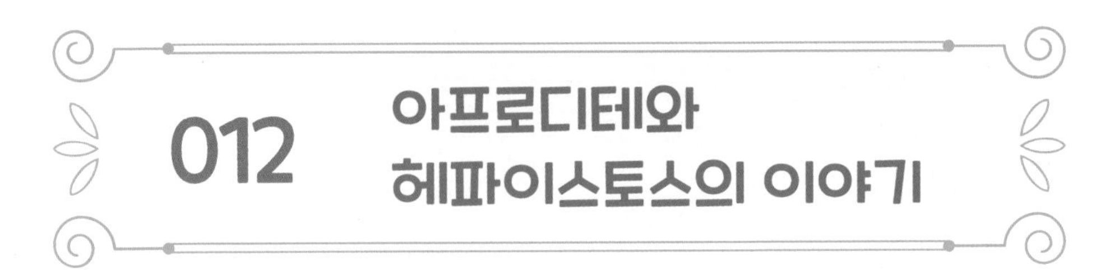

012 아프로디테와 헤파이스토스의 이야기

미의 여신 아프로디테와 못생긴 대장장이의 신 헤파이스토스의 결혼 생활은 좋았을까? 결론부터 말하자면 좋지 않았어. 헤파이스토스가 대장장이 일을 하느라 집으로 안 들어온 것도 있긴 하지만 아프로디테는 헤파이스토스가 마음에 들지 않았어. 그야 자신은 너무 아름다워서 미의 여신으로 불리지만 헤파이스토스는 불구에 못생겼으니까.

그래서 아프로디테는 잘생기고 사나운 전쟁의 신 아레스와 몰래 만났어. 그리고 헤파이스토스는 둘이 만나는 걸 태양신 헬리오스로부터 들었지. 헤파이스토스는 굴욕감과 배신감, 분노 등등 여러 감정에 휩싸이면서 아프로디테와 자신이 쓰는 침대에 어떤 무기로도 잘리지 않는 튼튼한 그물 함정을 만들었어. 그리고 아프로디테에게 자신은 렘노스섬에 며칠 동안 가 있겠다고 말했지.

아프로디테는 이때다 싶어 아레스를 집에 불러 곧장 침대로 향했어. 둘이 침대에 앉는 순간! 침대 아래에 있던 그물이 둘을 가뒀어. 당황한 아레스는 창과 칼로 그물을 찢으려고 했지만 불가능했고 집 안에 숨어 있던 헤파이스토스는 둘의 우스꽝스러운 모습을 신들에게 보여줬어.

모든 신이 아레스와 아프로디테의 관계를 알자 포세이돈은 아레스에게 벌을 내리고 아프로디테와 헤파이스토스를 이혼하게 했어.

헤파이스토스의 첫 결혼은 슬프게 끝났지만 두 번째 결혼은 미의 3 여신 갈라테스의 막내 아글라이아와 했어. 헤파이스토스는 아글라이아를 위한 청동 집을 새로 만들고 그 집에서 오랫동안 행복하게 살았단다.

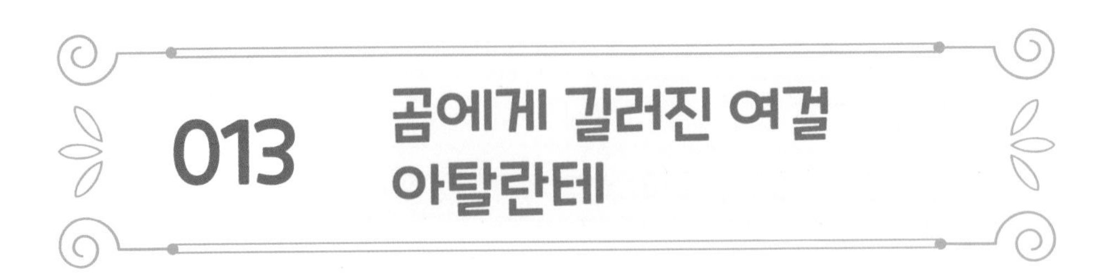

013 곰에게 길러진 여걸 아탈란테

사람이 곰에게 길러지는 건 불가능에 가깝지만 아탈란테는 곰에게 길러지며 갓난아기 시절을 보냈어. 그 후 아탈란테는 여걸로 불리게 되었는데 과연 아탈란테는 어떤 인생을 산 걸까?

아들을 원했던 아탈란테의 아버지는 딸이 태어나자 화가 나서 아기인 아탈란테를 숲에 버려 버렸어. 숲에 버려진 아탈란테를 암컷 곰이 발견하고 자신의 젖을 물려 아탈란테를 키웠어. 아탈란테는 무럭무럭 자라 걷고 뛸 수 있게 되었고 그러다 우연히 사냥꾼에게 발견되었어. 사냥꾼은 아탈란테를 데려와 인간의 걸음걸이와 말을 가르쳤어. 사냥꾼은 아탈란테에게 여러 사냥 기술을 가르쳤고 그 덕분에 남자들보다 더 빠르게 달리며 활도 매우 잘 쐈지.

우여곡절 끝에 고향으로 돌아오게 된 아탈란테에게 아버지는 결혼하라며 재촉했어. 결국 아탈란테는 자신을 달리기로 이기는 사람과 결혼하겠다고 선언해. 수많은 남자가 도전했지만 아탈란테의 적수가 되진 못했지.

그러던 중 히포메네스란 남자가 달리기 승부를 신청했어. 히포메네스는 아탈란테를 이길 비책이 있었는데, 그건 바로 미의 여신인 아프로디테의 도움을 받는 것이었어. 아프로디테는 히포메네스에게 황금 사과 세 개를 주었고, 이 사과들을 아탈란테의 앞에 떨어뜨리면 이길 것이라고 했어.

달리기 승부가 시작되고 히포메네스는 처음부터 아탈란테보다 빠르게 달리면서 아탈란테가 따라올 때마다 황금 사과를 하나씩 바닥에 떨어뜨렸어. 아탈란테가 황금 사과 세 개를 모두 주었을 때쯤 히포메네스는 이미 결승선을 통과한 후였지. 아탈란테는 약속한 대로 히포메네스와 결혼하게 되었어.

아탈란테는 그렇게 행복하게 살아갈 듯 보였지만, 히포메네스가 감사의 제사를 아프로디테가 아닌 제우스에게 올려 아프로디테를 분노하게 했어. 아프로디테는 계략을 세워 두 사람이 제우스의 미움을 받게 했고,

화가 난 제우스는 아탈란테와 히포메네스를 한 쌍의 사자로 만들어 평생 서로를 사랑할 수 없게 만들어버렸어.

99퍼센트가 모르는 그리스 로마 신화 이야기

칼리돈의 멧돼지 토벌에 수많은 영웅 중 유일한 여자로 아탈란테도 참가했어. 아탈란테가 멧돼지의 귀를 명중시키자 칼리돈의 왕자 멜레아그로스가 상으로 멧돼지의 가죽과 얼굴을 줬는데 멜레아그로스의 두 외삼촌이 여자가 상을 받으면 안 된다고 말하자 멜레아그로스는 두 외삼촌을 죽였어. 결국 이 일로 아탈란테는 남자를 못 믿게 되었고 결혼을 안 하려 했어.

014 안키세스의 실수

딱 한 번 실수했는데 그 실수를 후회한 적이 있니? 안키세스는 후회할 틈도 없이 실수로 인해 한쪽 다리가 없어진 안타까운 인물이야.

산을 걷고 있던 아프로디테의 눈에 아름다운 청년 하나가 눈에 들어왔어. 아프로디테는 아름다운 여자로 변신해 안키세스에게 접근했는데

신의 풍채를 모두 다 숨길 수는 없었는지 안키세스는 여자가 정령이나 여신이라고 생각했어.

안키세스가 의심의 눈초리로 대하자 아프로디테는 자신은 헤르메스 신이 보낸 여자고 당신과 제가 왕이 될 아기를 낳을 운명이라고 거짓말을 했어. 평범한 여자가 신의 이름을 허풍으로 빌릴 리가 없다고 생각했기에 안키세스는 여자의 말을 믿었단다.

다음 날 아침이 되자 아프로디테는 자신의 정체를 밝혔고 안키세스는 두려움에 휩싸였어. 아프로디테는 우리의 관계를 아무한테도 말하지 않는다면 그 누구도 모른다면서 안심시켰지만 만약 말한다면 제우스 님의 벼락을 맞을 거라고 경고했어. 그리고 아이는 5살이 되면 안키세스에게 보내준다고 약속했어.

어느덧 안키세스의 아들인 아이네이아스가 다섯 살을 넘겨 안키세스에게 보내졌을 때, 안키세스는 술에 취해 아프로디테와 자신의 관계를 말해버렸고 제우스의 벼락에 맞아 버렸단다. 안키세스가 한쪽 다리를 잃었다는 소식에 아프로디테는 미안한 마음이 들어서 아이네이아스를 뒤에서 계속 도와주었고 후에 로마제국을 건국하는 순간까지도 도움을 주었어.

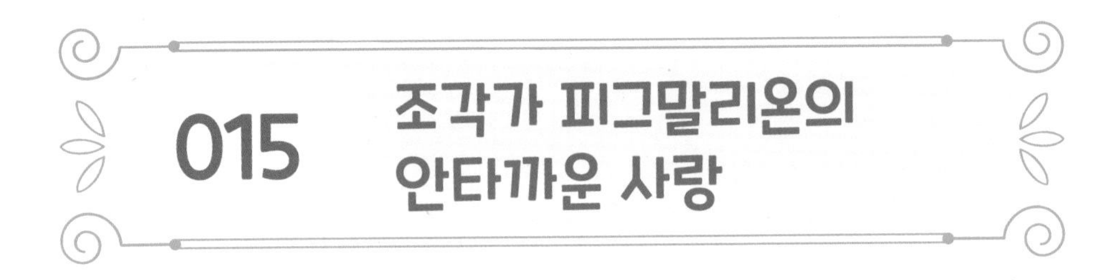

015 조각가 피그말리온의 안타까운 사랑

피그말리온은 여자를 사랑하지 않았어. 그저 자신이 만든 조각상을 사랑할 뿐이었지. 살아있는 진짜 여자들보다 자신이 만든 조각상이 더 아름답고 완벽하다고 생각해서 상아를 깎아 여자를 만들기 시작했어. 조심스레 깎고 부수다 보니 상아는 피그말리온이 생각하는 여자의 모습으로 변했는데 완성된 여자의 조각상을 보고 피그말리온은 희열과 흥분에 휩싸이며 말했어.

"이것이 바로 내가 생각하는 여자의 완벽한 모습이다!"

피그말리온은 자신이 만든 조각상에 갈라테이아란 이름을 지어주며

사람처럼 대했어. 조각상에 비싼 옷을 사서 입히고 함께 잠이 들곤 했지. 하지만 조각상은 조각상일 뿐, 살아있는 여자가 아니라서 피그말리온의 마음은 여전히 공허했어.

한편 피그말리온이 사는 키프로스에서는 아프로디테가 태어나 첫발을 디딘 것을 기념하는 축제가 열렸어.

피그말리온은 아프로디테 신전에서 사랑하는 갈라테이아를 인간으로 바꿔 달라고 요청했어. 아프로디테는 피그말리온의 사랑이 진실됨을 느끼고 세 번의 불길을 보여줬지. 피그말리온은 불길을 보자마자 집으로 뛰어가 갈라테이아를 안고 입맞춤했어. 그러자 딱딱했던 조각상이 점점 부드러운 살결로 바뀌었고, 갈라테이아는 점차 인간이 되었어!

그렇게 피그말리온은 꿈에 그리던 갈라테이아와 결혼을 하고 행복하게 살았다고 해.

99퍼센트가 모르는 그리스 로마 신화 이야기

피그말리온의 사랑 이야기는 현대까지 이어져 피그말리온 효과라는 심리학 용어가 생겨났어.

016 지혜의 여신 아테나의 탄생

지혜의 여신 아테나. 그녀가 가진 지혜는 매우 뛰어나서 승리의 여신 니케는 항상 아테나의 곁에 머물렀어. 그런데 그녀가 어떻게 태어났는지 알고 싶지 않니? 사실 아테나는 제우스의 머리에서 태어났어. 머리에서 어떻게 사람이 태어날 수 있냐고? 그건 지금부터 알려줄게.

제우스는 가이아한테 이런 말을 들었어.

"메티스가 첫째로는 딸을 낳겠지만 둘째로는 아들을 낳을 것이다. 그리고 그 아들은 너를 능가하는 신이 될 것이다."

제우스는 자신의 아버지들처럼 될까 봐 무서워 메티스를 삼켰어. 하지만 이미 메티스는 임신한 상태였고 몇 개월이 지나자 제우스의 머리에서 엄청난 두통이 일어났어. 제우스는 헤파이스토스에게 자기 머리를 쪼개라고 명령했고 헤파이스토스가 제우스의 머리를 도끼로 쪼개니 창을 들고 투구와 갑옷을 입은 소녀 아테나가 제우스의 두개골에서 탄생했어.

갑작스러운 아테나의 탄생에 올림포스 신들은 당황했지만 아테나는 많은 지혜를 습득하며 올림포스 주신의 자리에 지혜의 여신 아테나라는 자신의 이름을 당당히 올렸어.

017 팔라스 아테나

팔라스 아테나? 그게 누구냐고? 바로 지혜의 여신 아테나의 또 다른 이름이자 자신이 직접 붙인 이름이야. 그런데 왜 아테나가 팔라스라는 이름을 자신의 앞에 붙이게 되었을까?

아테나는 제우스의 머리에서 소녀의 모습으로 무장을 한 채로 태어났지. 그래서 소녀의 모습이지만 힘이 강했고 자신의 힘을 주체할 수도 없었어.

제우스는 아테나를 보니 올림포스에 놔뒀다간 큰일이 벌어지겠다고 생각해서 포세이돈의 아들 트리톤에게 아테나를 잘 길러달라고 부탁했어. 트리톤에게는 딸 팔라스가 있었는데 팔라스와 아테나는 서로 친하게 지내면서 친구가 되었고 싸우더라도 금방 화해하는 관계가 되어 있었지.

평소처럼 팔라스와 아테나는 서로 시답잖은 문제로 싸우게 되었는데 제우스가 마침 싸우고 있는 둘을 본 거야. 그런데 팔라스가 아테나를 때리려고 하자 제우스는 딸이 위험하다는 생각에 방패 아이기스로 둘을 떼 놓았고 아테나는 팔라스가 빈틈이 보이자 팔라스를 때렸는데 팔라스가 죽어버렸어.

놀란 아테나는 팔라스의 제사에 사용할 팔라스의 조각상을 만들어 팔라디온이라 정하고 올림포스로 가져갔어. 그리고 자신의 이름 앞에 팔라스를 붙여서 아테나는 팔라스 아테나라고 불리게 돼.

018 아테나와 포세이돈의 다툼

그리스의 수도, 아테네를 알고 있니? 아테네는 지혜의 여신 아테나를 위해 이름 붙인 도시야. 그런데 아테나가 포세이돈과의 승부에서 이겨서 이 아테네를 차지했다고 하는데 어떤 승부인지 궁금하지?!

아주 먼 옛날 아테네 도시가 아테네라고 정해지지 않았던 시절, 아테

나와 포세이돈은 자신들을 숭배할 도시가 필요했어. 그러다 서로 자신의 도시로 만들겠다고 하는 곳이 생겼지. 그래서 둘은 승부를 통해 결정하기로 했어.

승부는 이 도시에 살고 있는 주민들의 결정으로 따르는 거였어. 먼저 아테나는 올리브 나무 한 그루를 선물하고 올리브 나무를 기르는 법을 알려줬어. 그리고 포세이돈은 도시의 많은 일을 담당했던 아크로폴리스에 샘을 만들어줬지.

사람들은 쉽게 결정하지 못했고 결정권을 신들한테 넘겼어. 중립이었던 제우스를 제외한 남자 신들은 모두 포세이돈을 선택했고, 여신들은 모두 아테나를 선택했지. 투표 결과는 아테나의 승리였어.

결국 도시는 아테나의 것이 되었지만, 포세이돈은 화가 나서 도시를 물에 잠기게 했어. 이에 놀란 주민들은 여성의 투표권을 없애고 아이들은 여성의 성을 따르지 않겠다고 약속했어. 그제야 포세이돈의 화는 풀렸고 아테나는 도시의 이름을 아테네로 정했어.

99퍼센트가 모르는 그리스 로마 신화 이야기

신과 신의 다툼에서 아테나가 승리한 이유는 아테나에게 아테나 니케라는 이름도 있어서 그런데 니케는 영어로 나이키이고 승리라는 뜻이야.

019 아라크네에게 패배한 아테나

신이 인간에게 질 수가 있을까? 아니야. 보통 인간이 신을 도발하고 도발받은 신이 인간과 신의 격차를 증명하고 인간을 벌하는 이야기가 많지만 아라크네는 자신의 기술로 아테나와 대결해 이긴 유일한 인간이야. 아라크네가 어떻게 아테나를 이겼는지 궁금하지 않니?

아라크네는 자수를 엄청나게 잘했어. 사람들은 모두 아라크네의 자수

를 인정하고 물건을 사고 싶어 했지. 자신이 직접 만든 자수가 비싼 값으로 계속 팔리니 어깨가 으쓱한 아라크네는 자신의 자수 실력은 아테나보다 뛰어나다고 말했어.

아라크네의 말을 모두 들은 아테나는 할머니로 변신해 신에 대한 모독을 그만하고 용서를 구하라고 했지만 아라크네는 오히려 할머니를 무시했지. 화가 난 아테나는 본모습으로 변신했어. 주위에 있던 사람들은 엎드렸지만 아라크네는 엎드리지도, 용서를 구하지도 않았어. 더욱 화가 난 아테나는 정정당당하게 자수 시합을 하자고 했지.

이렇게 신과 인간의 시합이 시작되었어. 아테나는 인간이 신에게 도전했지만 결국 인간이 벌을 받는 모습을 수놓았지. 그리고 아라크네는 신들의 왕 제우스가 많은 여자를 만나는 장면을 수놓았어. 둘은 직물을 완성하고 서로에게 보여주었는데 아테나는 아라크네가 만든 아버지이자 신들의 왕 제우스에 대한 모욕에 화가 나서 아라크네가 보는 눈앞에서 직물을 찢었어.

자신이 만든 그림이 처음으로 찢어지고 땅바닥에 떨어지자 충격에 빠진 아라크네는 목을 매어버렸지. 아테나는 아라크네에 대한 미안함에 그녀가 살아있던 시절에 좋아했던 직물을 계속 만들라고 아라크네를 거미로 새로 태어나게 해 줬어.

020 태양의 신 아폴론과 달의 여신 아르테미스의 탄생

아폴론과 아르테미스는 제우스와 레토의 자식들인데 레토는 둘을 낳기 전까지 헤라의 방해를 받았어. 헤라는 레토의 아들과 딸이 자기 자식들보다 더 높은 신이 될 거라는 예언을 듣고 질투심이 생겼어. 그래서 괴물 피톤에게 레토가 자식을 낳지 못하게 계속 따라다니며 위협하라고 명령했지.

레토는 한순간에 도망자 신세가 돼서 그리스 이곳저곳을 떠돌아다니다가 바다 위에서 떠다니는 델로스섬에 도착했어. 제우스는 레토가 안타까워 포세이돈에게 레토가 출산할 수 있도록 헤라의 시선으로부터 델

로스섬을 가려 달라 부탁했지.

포세이돈이 물로 델로스섬을 가리자 레토는 피톤과 헤라의 눈을 피해 안전하게 출산을 하나 싶었지만 헤라가 출산의 여신이자 친딸인 에일레이티이아를 붙잡아서 레토가 출산을 못 하게 막았어. 이대로 두면 레토와 쌍둥이 자식들이 위험해질 수가 있어서 제우스는 무지개의 여신 이리스를 통해 에일레이티이아에게 황금 목걸이를 줘서 레토의 편으로 끌어들였지.

에일레이티이아와 이리스가 델로스섬에 도착하자 레토는 쌍둥이를 낳을 수 있게 되었고 후에 쌍둥이는 태양의 신 아폴론과 달의 여신 아르테미스가 되었어.

021 거만한 니오베의 최후

테베의 왕인 암피온의 아내, 니오베는 테베의 왕비였어. 테베는 스파르타를 무찌르고 그리스 전체를 다스릴 만큼 큰 국가였어.

테베는 매년 레토 여신을 기념하는 축제를 열어 신전에 값비싼 음식을 바쳤어. 하지만 이를 못마땅하게 여긴 니오베가 레토 여신의 이야기는 옛이야기일 뿐이라며 레토 여신을 위한 축제와 대회를 모두 중지시키고 여신에게 바쳐진 음식을 모두 회수했어. 그리고 레토 여신은 태양신 아폴론과 달의 여신 아르테미스까지 2명의 자식밖에 낳지 못했지만, 자신은 총 14명의 아이를 낳았으니 더 위대한 사람이라고 사람들에게 말했지.

레토 여신은 이런 니오베의 거만한 모습에 화가 나 아들과 딸을 불러 니오베를 벌하고 오라고 명령했어. 아폴론과 아르테미스는 활과 각각 7개의 화살을 들고 니오베의 자식들한테 갔지.

먼저 아폴론이 7명의 아들을 7개의 화살로 죽였어. 이를 본 암피온은 충격에 스스로 목숨을 끊어버렸어. 하지만 니오베는 아들들이 죽었음에도 아직 나한테는 7명의 딸이 있다며 반항했어. 이어 아르테미스가 6개의 화살로 6명의 딸을 죽이자 니오베는 정신을 차리고 막내딸만은 죽이지 말아 달라고 빌었어.

하지만 아르테미스는 니오베의 요청을 무시하고 막내딸도 죽여 버렸지. 순식간에 자신이 자랑스러워하는 남편과 아들, 딸 모두가 죽자 니오베는 절규하면서 고통스러워하다가 몸이 돌로 변해 버리고 말았어.

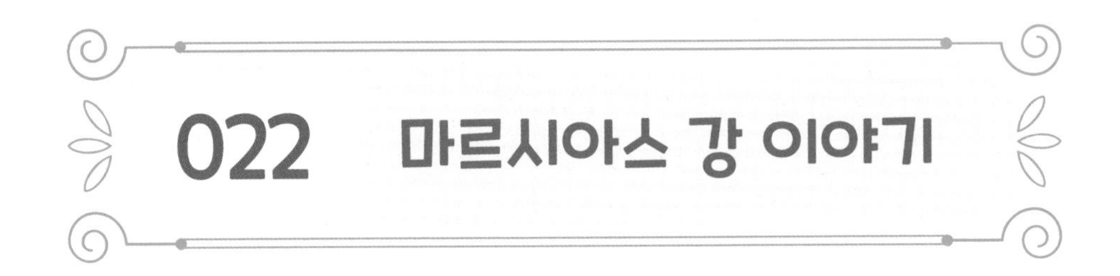

사람들이 흘린 눈물이 모여 강이 된 곳이 있어. 바로 마르시아스 강이야. 얼마나 많은 사람이 무슨 이유로 강이 될 만큼이나 눈물을 흘렸던 걸까?

시작은 아테나가 피리를 발명하면서부터였어. 아테나는 아름다운 선율에 감동하여 피리 부는 것에 빠져있었어. 그리고 어느 날, 신들의 연회 자리에서 피리 연주를 했는데 피리를 부는 아테나의 모습이 우스꽝스럽다며 여신들이 키득거렸지.

아테나는 화가 나 연회장을 빠져나와 강가로 갔어. 그리고 자신이 피리를 불 때의 모습을 강물에 비춰 확인해 보았는데 볼이 튀어나오고 숨을 크게 들이마시는 모습이었어. 자신이 보기에도 그 모습이 우스워 보였지. 화가 난 아테나는 피리를 강물에 던져버렸어.

강물에 빠진 피리는 올림포스에서 인간세상으로 흘러 내려가게 되었고, 마르시아스라는 남자가 이 피리를 줍게 되었어. 마르시아스는 피리를 처음 보았지만 능숙하게 잘 불었고 실력이 나날이 늘어 사람들이 마르시아스가 피리를 부는 순간만을 기다릴 정도였지.

점점 자신의 피리 실력이 늘어나자 자만심이 높아진 마르시아스는 자신의 연주 실력이 예술의 신 아폴론보다 뛰어나다며 아폴론의 신전으로 가 도전장을 내밀었어. 아폴론은 한낱 인간이 자신에게 도전장을 내밀자 코웃음을 쳤어. 그리고 승부에 진 자는 승리자에게 어떤 일이든 따라야 한다는 조건을 걸고 서로의 악기를 거꾸로 들고 연주하자고 말했어.

피리를 거꾸로 들고 연주할 수는 없었기에 당연히 승부는 아폴론의 승리였고 아폴론은 신을 모독한 죄로 마르시아스를 큰 나무에 밧줄로 묶어 거꾸로 매단 후 살가죽을 벗기는 벌을 받게 했어. 평소 마르시아스의 피리 연주를 듣던 사람들은 아폴론에게 이 벌은 너무 가혹하다면서 다른 벌로 바꿔 달라고 요청했지만, 아폴론은 이를 받아들이지 않았어.

사람들은 마르시아스의 살가죽이 모두 벗겨지기 전까지 계속 눈물을 흘렸고 그 사람들이 눈물이 모여 강이 되었어. 그래서 이 강을 후대 사람들은 마르시아스의 강이라 불렀다고 해.

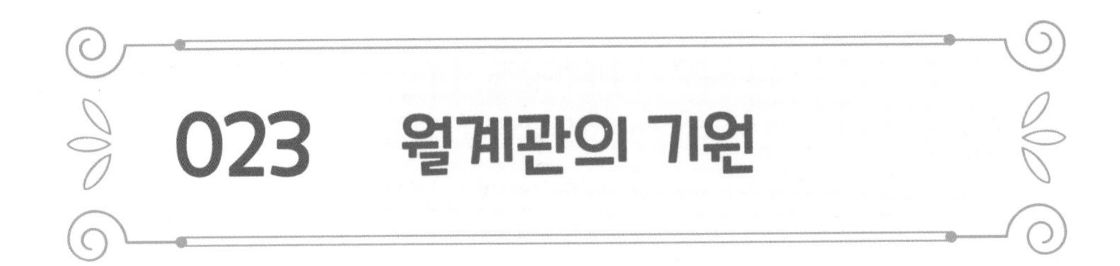

023 월계관의 기원

월계관은 올림픽의 한 종목에서 우승한 사람만이 쓸 수 있는 아주 영광스러운 관이야. 그런데 이 관은 어떻게 만들어졌을까? 그 이야기를

해줄게.

강의 신 페네이오스의 막내딸 다프네는 아주 아름다운 요정이었어. 많은 남자가 다프네에게 사랑을 고백했지만 순결의 여신 아르테미스를 모신 다프네는 남자들을 모두 무시하며 살았단다.

어느 날, 태양의 신 아폴론은 작은 몸집을 가진 에로스에게 너의 화살은 꼬마들이나 쏘는 화살이라며 놀렸고 화가 난 에로스는 아폴론에게 사랑의 화살을 쏘고 다프네에게 납의 화살을 쐈어. 사랑의 화살은 제일 처음 본 사람을 사랑하게 되는 화살이고 납의 화살은 제일 처음 본 사람을 절대로 사랑할 수 없는 화살인데 둘이 한 연못가에서 만난 거야.

아폴론은 다프네를 사랑한다고 말했지만 다프네는 격렬히 거부했고 도망치기만 했지. 결국 다프네는 강의 신이자 자신의 아버지인 페네이오스에게 도와달라고 부탁했지만, 하급 신인 강의 신이 상급 신인 태양의 신을 방해할 수는 없었기에 자기 딸을 월계수로 만들었어. 아폴론은 월계수로 변한 다프네를 끌어안고 눈물을 흘렸지.

이 이야기가 사람들에게 퍼지자 경기에서 이긴 사람은 월계수를 꺾어 관으로 만든 월계관을 쓰기 시작했고 이런 풍습이 지금까지 이어지게 되었어.

024 아가멤논의 눈물

아르테미스는 사냥의 여신답게 아주 냉정하고 자신의 기준에 맞춰 판결하는 여신이야.

아가멤논이란 사람이 있었는데 트로이 원정에 참가할 만큼 활을 잘 쏘고 몸도 튼튼한 남자 중의 남자였지. 그래서 몸도 풀고 고기도 먹을 겸 숲으로 가서 사냥하고 있었는데 사냥에 성공할 때마다 주위에 있는 사람들이 과하게 아가멤논을 치켜세웠어.

아가멤논은 아부에 우쭐해져서 자신이 사냥의 여신 아르테미스보다 사냥을 더 잘한다는 말을 해버렸고 아르테미스는 이 말을 듣자마자 그리스 군의 배들이 출항을 못 하도록 강풍을 불었어. 사냥에서 돌아온 아

가멤논 일행은 강풍 때문에 트로이 원정을 갈 수 없었던 거야.

그리스의 사제들은 신탁을 통해 왜 이런지 물었고 아가멤논이 아르테미스 여신을 모욕했기 때문이라는 답을 얻었지. 아가멤논은 아르테미스 여신의 기분을 풀기 위해 자신의 딸 이피게네이아를 바쳐야만 했어. 충격에 빠진 아가멤논은 눈물을 흘리며 딸을 바치기 직전까지 아르테미스 여신을 비롯한 신들을 다시는 모욕하지 않고 우습게 보지 않겠다며 빌었어.

아르테미스는 아가멤논의 진심 어린 사과에 이피게네이아 대신 암사슴을 죽였지. 그러자 강풍 대신 순풍이 불어 그리스 군의 배들은 트로이로 떠났고 살아남은 이피게네이아는 아르테미스의 여사제가 되었단다.

025 안타까운 사랑 해바라기

해바라기는 해만 바라본다고 해서 붙여진 이름이야. 그런데 왜 해만 바라볼까? 그건 해바라기로 변한 클리티에가 태양신 헬리오스를 짝사랑해서 그래. 클리티에의 안타까운 사랑 이야기를 들어보지 않겠니?

요정 클리티에는 여느 날처럼 강가에서 물고기들과 놀고 있었는데 태양신 헬리오스가 황금마차를 타고 하늘을 나는 거야! 헬리오스를 본 클리티에는 첫눈에 반해 사랑에 빠졌고 그날 이후부터 강가에서 태양만을 바라보며 헬리오스가 언제 나타나나 기다리고 있었어.

어느 날, 숲에서 사냥하는 헬리오스를 발견하게 되고 클리티에는 용기를 내 고백했어. 하지만 헬리오스는 차갑게 거절하고 떠나버렸지.

클리티에는 충격에 빠져 먹지도 마시지도 않고 태양만을 바라보다가 결국 죽어버렸지만 클리티에의 몸은 땅에 뿌리를 내렸고 얼굴은 꽃으로 변해 해바라기가 탄생했지. 맞아. 클리티에의 몸은 죽었지만 헬리오스를 짝사랑하는 마음은 사라지지 않은 거란다.

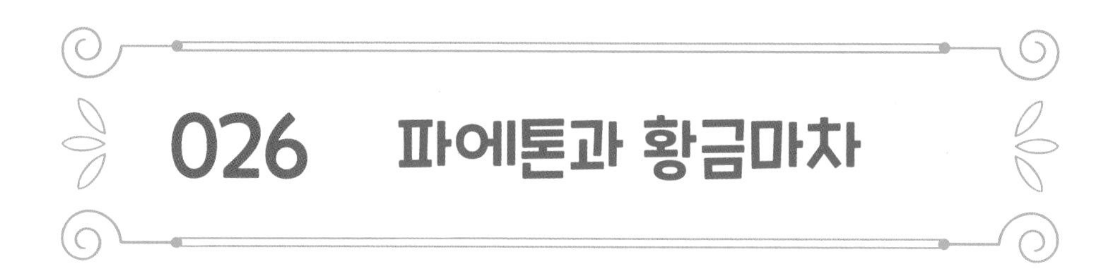

026 파에톤과 황금마차

아버지의 자식 사랑이 결국 아들을 죽게 만들어 버린 이야기를 들려줄게. 파에톤의 아버지는 태양신 헬리오스였어. 하지만 헬리오스는 아들을 보지 않고 신의 일을 하며 자신의 신전에 살았지. 그래서 파에톤은 청소년이 될 때까지 아버지가 누구인지도 몰랐어.

어느 날, 파에톤은 엄마에게 아버지가 태양신 헬리오스라는 걸 듣고 친구들에게 자랑했어. 하지만 친구들은 믿지 않았고 네가 태양신의 아들이라면 증명하라고 따졌어.

파에톤은 헬리오스의 신전에 도착했고 헬리오스는 아들을 한눈에 알아봤어. 파에톤은 친구들에게 아버지의 아들이란 걸 증명하게 소원을

하나 들어달라며 황금마차를 끌고 싶다고 했지. 태양의 신만 끌 수 있는 황금마차였기에 헬리오스는 다른 소원을 물었지만 파에톤은 바꾸지 않았어.

결국 소원대로 파에톤은 황금마차를 끌었지만 제대로 가지 못하다가 땅으로 내려가게 되었어. 황금마차가 스쳐 지나간 땅은 모두 불바다가 되었고 여러 사람과 동, 식물들이 죽어 나갔지.

제우스는 파에톤이 더 날뛰면 세상이 멸망할 거라 생각해 파에톤을 향해 벼락을 던져 버렸어. 파에톤의 시체는 에리다누스 강에 추락했고 헬리오스는 아들의 시체를 붙잡고 자신이 한 말을 후회하고 울부짖었는데 이때 세상이 잠시 어둠에 삼켜졌다고 해.

027 추락한 이카로스

한 번쯤은 하늘을 날고 싶은 상상을 한 적이 있을 거야. 이카로스와 그의 아버지 다이달로스는 정말로 하늘을 날았는데 그 얘기를 한번 들어볼래?

그리스에 살고 있는 다이달로스는 뛰어난 대장장이였어. 하지만 어느 순간 제자인 페르딕스가 자신보다 뛰어나지자 질투심에 눈이 멀어 페르딕스를 언덕에서 밀어버리고 말았지. 그리고 다이달로스는 자신의 범행이 들킬지도 모른다는 불안감에 아들인 이카로스를 데리고 크레타섬으로 도망쳤어.

그렇게 도망쳐 온 크레타섬에서도 자신의 실력을 뽐내며 정착한 다이달로스는 어느 날, 크레타섬의 왕인 미노스의 부름을 받게 돼. 미노스는 다이달로스에게 소머리에 인간의 몸을 한 미노타우로스의 감옥을 만들라고 명령했어. 다이달로스는 왕의 명령으로 감옥을 만들었지. 그런데 테세우스가 미노타우로스를 죽이고 미노스의 딸 아리아드네와 함께 도망쳐 버린 거야! 이에 크게 분노한 미노스는 분풀이로 다이달로스와 이카로스를 감옥에 가둬버렸지.

감옥에 갇힌 다이달로스는 새의 깃털을 모아서 밀랍으로 서로 붙여 연결해 큰 날개를 만들었어. 그리고 그 날개를 아들과 자신의 등에 붙였어. 그리고 팔을 움직여 하늘 높이 날아서 감옥에서 탈출했어.

어느새 크레타섬에서 벗어난 다이달로스는 아들에게 절대로 태양 가까이에는 가지 말라고 말했어. 하지만 이카로스는 하늘을 날고 있다는 사실에 흥분해 더 높이 날아올랐어. 결국 이카로스의 날개는 밀랍이 녹아내리면서 망가져 버리고 말았고, 이카로스는 바다에 추락하고 말았지. 놀란 다이달로스는 이카로스를 찾았지만, 이카로스는 이미 바닷속 깊은 곳에 떨어져 목숨을 잃은 후였단다.

028 헤르메스의 첫 도둑질

전령과 상인의 신이면서 도둑의 신인 헤르메스는 태어나자마자 신의 물건을 훔쳤어. 과연 누구의 물건을 훔쳤을까?

동굴에서 태어난 갓난아기 헤르메스의 눈에는 한가롭게 풀을 뜯어먹고 있는 태양의 신 아폴론의 소 떼와 거북이 등껍질이 보였어. 헤르메스는 소 떼를 훔쳐 동굴에 감췄는데 아폴론에게 들키고 말았지. 아폴론은 소 떼를 돌려달라고 말했지만 헤르메스는 "전 오늘 태어나서 소가 뭔지 모릅니다"라고 시치미를 뗐어. 아폴론은 황당해하며 제우스에게 판결을 부탁했고 결판은 당연히 헤르메스가 아폴론에게 훔친 소들을 돌려주는 거였어.

하지만 소들을 가지고 싶었던 헤르메스가 거북이 등껍질에 소의 힘줄을 연결해 리라라는 악기를 만들어 연주했어. 아폴론은 아름다운 리라 연주를 듣고 그 리라와 너의 연주 재능을 나한테 주면 용서하겠다고 했지. 헤르메스는 아폴론의 지팡이 카두케우스와 예언 능력을 달라고 말했는데 아폴론은 리라 연주 소리가 무척 마음에 들어서 헤르메스의 도둑질을 용서하고 카두케우스와 예언 능력을 주고 연주 재능과 리라를 얻었단다.

어릴 때부터 신의 물건을 훔친 헤르메스는 성인이 되자 올림포스 주신이 되었고 주신의 자리는 열한 명에서 열두 명으로 늘어나게 되었단다.

99퍼센트가 모르는 그리스 로마 신화 이야기

헤르메스의 지팡이 카두케우스가 의술의 신 아스클레피오스의 지팡이와 비슷해 사람들이 서로 같은 지팡이라고 착각하는데 엄연히 다른 지팡이야.

029 술의 신 디오니소스의 탄생

올림포스 12 주신 중 하나인 디오니소스는 어릴 때 어머니를 잃어서 어머니의 얼굴도 기억 못 하는 안타까운 사연을 가진 신이야. 왜 이런 일이 벌어졌을까?

디오니소스의 어머니 세멜레는 테베의 공주였어. 세멜레의 아름다운 미모를 본 제우스는 인간의 모습으로 변신하고 정체를 밝히고 청혼했어. 시간이 지나 세멜레의 배가 부르자 헤라는 세멜레가 남편의 아기를 임신했다는 사실을 알아차렸어. 그리고 늙은 유모의 모습으로 변신해 세멜레에게 다가가 이 세상에는 아름다운 모습으로 자신의 신분을 속이고 여성에게 다가가는 남성이 많다며 조심하라고 충고했지.

제우스와 만나자 세멜레는 당신에게 궁금한 것이 많다며 내가 어떤 질문을 하든 모두 답해달라고 요구했지. 제우스는 스틱스강에 맹세한다고 답했고 세멜레는 당신이 헤라에게 나타나는 것처럼 나에게도 신의 모습을 보여 달라고 요구했어.

제우스는 당황했어. 신의 모습을 인간이 본다면 신의 광채에 인간은 재가 되어 죽기 때문이야. 하지만 스틱스강에 맹세한 이상 본모습을 안 보여줄 수도 없었기에 제우스는 최고 신의 모습으로 세멜레의 앞에 등장했어. 제우스의 등 뒤로 찬란한 빛이 등장하자 세멜레는 죽고 말았고 배 속에 있는 아기를 제우스가 받았어.

제우스는 아기에게 디오니소스란 이름을 주고 헤라의 눈을 피해 인도의 뉘사에서 요정들에게 디오니소스를 기르라고 명령했지. 이후 디오니소스는 술의 신으로 12 주신이 되었지만 자신의 어머니가 누구인지 평생 알지 못했어.

99퍼센트가 모르는 그리스 로마 신화 이야기

디오니소스가 술의 신이라 불리게 된 이유는 암펠로스라는 친구가 느릅나무에서 떨어져 죽자 디오니소스는 눈물을 흘렸는데 눈물이 포도주로 변했고 포도주를 마시자 슬픈 감정이 사라지고 행복한 감정을 느꼈어. 그렇게 최초의 포도주가 탄생했어.

030 미다스의 손

황금은 예전부터 매우 비싼 광물이었어. 그래서 부자의 상징으로 여겨졌지. 그런데 손을 대기만 하면 황금으로 바뀌게 만드는 손을 가진 사람이 있었어. 바로 미다스 왕이야.

미다스는 프리지아의 국왕인데 착한 마음으로 신을 섬기는 신도였어. 어느 날, 술의 신 디오니소스의 스승 실레노스가 자신의 나라에서 길을 헤매자 자신의 성으로 초대했어. 미다스는 실레노스에게 비싼 새 옷과 먹음직스러운 음식과 포도주를 주고 푹신한 침대에서 자게 해 주었어. 그리고 디오니소스가 있는 곳으로 직접 데려다주었지.

그러자 디오니소스는 스승님을 보호하고 대접해 줘서 고맙다며 원하는 소원 하나를 들어주겠다고 말했어. 미다스는 며칠 후 자기 손에 어떤 것이든 닿으면 황금으로 만들어 달라는 소원을 빌었지. 디오니소스는 미다스가 원하는 대로 해줬고, 성으로 돌아온 그는 땅에 굴러다니던 돌도 황금으로 바꾸며 점점 부유해졌단다.

하지만 미다스가 빵을 먹으려고 손 대자 빵이 황금으로 변해 먹지를 못했고 포도주가 담긴 컵을 잡으면 포도주가 황금으로 변했어. 아무것도 먹을 수 없던 미다스가 답답해하던 중 공주가 오랜만에 왕국으로 돌아왔어. 미다스는 반가운 마음에 공주를 안았는데 미다스에게 안기자마자 공주가 황금으로 변해 버리고 말았어!

딸마저 황금으로 변해버리자 축복이라 여겼던 손은 이제 저주의 손으로 보이기 시작했어. 미다스는 디오니소스에게 무릎을 꿇고 절대로 욕심을 부리지 않겠다며 제발 이 손을 원래대로 돌려달라고 빌었어. 디오니소스는 강물에 손을 씻으면 해결이 될 거라 말했고 미다스가 강물에 손을 씻자 정말 원래대로 돌아왔어. 미다스는 기뻐하며 황금으로 변한 딸도 강물로 씻어 다시 살아나게 했단다.

031 미다스의 귀

황금의 손을 가졌던 미다스 왕은 다른 이야기로도 유명해. 〈임금님 귀는 당나귀 귀〉 이야기는 다들 알고 있지?! 이 이야기의 주인공이 바로 미다스 왕이야.

미다스 왕은 아폴론과 마르시아스의 연주 시합에서 아폴론이 이겼다는 판정이 내려졌을 때 유일하게 이 시합은 불공평하다며 심판에게 따졌던 사람이야. 아폴론은 화가 나서 큰 귀로 음악을 더 잘 듣고 판단하라며 미다스 왕의 귀를 당나귀 귀로 만들어버렸지.

미다스 왕은 당나귀 귀가 부끄러워서 큰 모자로 귀를 가리고 다녔는데 이발할 때는 모자를 벗어야 했기에 가족에게도 말을 안 했던 비밀인 당나귀 귀를 들켜버렸어. 미다스 왕은 소문을 내면 죽이겠다고 말했고, 이발사는 절대 다른 사람한테 말하지 않겠다며 약속했어.

하지만 왕이 우스꽝스러운 당나귀 귀를 가지고 있으니 이발사는 결국 참지 못하고 땅에 구덩이를 파서 "임금님 귀는 당나귀 귀!"라고 소리쳤는데 얼마나 소리를 크게 질렀는지 그 땅에는 "임금님 귀는 당나귀 귀!"라는 소리가 계속 들렸고 결국 나라 전체가 미다스 왕이 당나귀 귀인 걸 알아버렸어.

032 헤라클레스의 탄생과 성장

그리스 로마 대표적인 영웅은 누구일까? 아마 대부분이 헤라클레스를 생각할 거야. 헤라클레스는 아버지 제우스와 비슷하게 태어나기 전부터 태어난 후까지 여러 힘든 일을 겪었는데 한 번 들어보지 않을래?

헤라클레스는 제우스와 인간 여자 사이에 태어난 아이인데, 당시 제우스는 거인족인 기간테스와의 전쟁인 기간토마키아를 대비해서 한 명이라도 더 많은 병사를 만들어야 했기에 물불을 가릴 때가 아니었어.

제우스는 최강의 인간 전사를 만들기 위해 영웅 암피트리온의 아내면서 티린스의 여왕인 알크메네에게 남편의 모습으로 찾아가 하룻밤을 보냈어. 알크메네는 감쪽같이 속아 넘어갔고 제우스는 최강의 인간 전사가 태어날 것이라 기대했단다.

한편 헤라는 남편의 소식을 알자 불같이 화를 내면서 알크메네의 헤라클레스 출산을 늦췄어. 그래서 본래대로라면 헤라클레스가 먼저 태어나야 했지만 알크메네와 암피트리온의 아들인 에우리스테우스가 먼저 태어나고 헤라클레스가 둘째로 태어났어.

하지만 여전히 헤라는 화가 났고 갓난아기인 헤라클레스를 향해 독사를 보냈어. 그런데 헤라클레스가 독사를 가지고 놀다가 독사를 모두 죽인 거야! 헤라는 독사들이 모두 죽자 제우스에게 화를 냈고 제우스는 헤라의 화를 없애기 위해 아기에게 헤라의 영광이라는 뜻의 헤라클레스라는 이름을 지어주면서 최강의 인간 전사가 탄생했지.

033 궁수자리의 탄생

하늘에 떠 있는 별자리 중 궁수자리를 본 적 있니? 궁수자리를 그림으로 그려놓은 걸 보면 상반신은 인간, 하반신은 말인 켄타우로스의 모

습을 하고 있어. 왜 이 켄타우로스가 별자리 중 하나인 궁수자리에 위치하게 되었는지 이야기를 들려줄게.

어느 산, 깊은 곳에 폴로스가 살고 있었어. 헤라클레스는 산을 지나던 길에 폴로스에게 들려 술과 음식을 함께 마시며 쉬고 있었어. 그런데 뚜껑이 닫혀 있음에도 맛있는 향기가 나는 항아리가 헤라클레스 눈에 띄었지. 그는 포도주를 마시고 싶어 했어. 폴로스는 이곳에 살고 있는 켄타우로스와 같이 마시는 거라며 안 된다고 했어. 하지만 헤라클레스는 계속 고집을 부렸고 결국 성화에 못 이겨 포도주를 꺼내 한 잔씩 마셨지.

술은 매우 독하고 향이 강해서 한 잔씩만 마신다는 게 두 잔, 세 잔으로 점점 늘어났고, 산에서 사냥하던 켄타우로스들이 술의 향기를 맡고 화가 나서 폴로스의 집을 습격했어. 헤라클레스는 습격한 켄타우로스들을 독화살로 처치했고 켄타우로스들은 그들의 리더인 케이론의 집으로 빠르게 도망쳤어.

뒤쫓아 온 헤라클레스는 나머지 켄타우로스들도 하나씩 독화살로 처치했는데, 그러다가 자신의 스승이기도 했던 케이론까지 독화살에 맞아버리고 말았어! 독화살은 케이론의 온몸에 퍼져 고통스럽게 만들었고, 이 고통을 견딜 수 없던 케이론은 제우스에게 자신을 죽여 달라고 부탁했지. 제우스는 어쩔 수 없이 벼락을 내려 케이론을 죽였고 영웅들의 스승이었던 케이론을 존경의 의미로 궁수자리로 만들었단다.

케이론은 헤라클레스 외에도 태양의 신 아폴론의 아들이자 의술의 신 아스클레피오스, 아르고 호의 원정대 리더 이아손, 트로이 전쟁의 영웅 아킬레우스의 스승이었어.

034 어리석은 에리식톤

갑자기 배고픔이 느껴진 적이 있었니? 배고파서 냉장고에 있는 음식들을 먹었다가 배불러지면 멈췄을 거야. 하지만 에리식톤은 너무나도 배고파서 자기 옷과 집, 심지어 딸까지 팔고 음식을 샀어. 에리식톤은 왜 이런 행동을 했을까?

에리식톤은 데메테르 신전이 있는 엘리시우스라는 땅의 부자였어. 엘리시우스에 살고 있는 사람들은 신전에서 농사가 잘되게 해달라고 기도했지만 에리식톤은 기도하지 않았어.

데메테르 신전 뒤에는 큰 떡갈나무가 있는데 사람들은 그 떡갈나무가 데메테르 것이라 생각하고 베지 않았어. 하지만 데메테르를 믿지 않은 에리식톤은 도끼를 들고 떡갈나무를 찍기 시작했지. 떡갈나무에서 붉은

피가 흐르자 에리식톤의 하인들은 두려움에 떨었지만 에리식톤은 멈추지 않았고 결국 떡갈나무가 쓰러지자 만족하는 웃음을 지었어.

데메테르가 아끼던 떡갈나무가 죽자 요정들은 에리식톤의 만행을 데메테르에게 보고했어. 분노한 데메테르는 에리식톤에게 끝없는 공복의 저주를 내렸지.

떡갈나무가 죽은 그날 밤 에리식톤은 갑자기 배고픔을 느꼈어. 에리식톤은 집 안에 있는 과일과 고기들을 다 먹어 치웠지만 그래도 배고팠어. 다음 날 아침까지 에리식톤은 먹는 것을 멈추지 않았고 하인들과 값비싼 가구에 이어 집도 팔아 음식을 사 먹었지. 한순간에 부자에서 거지가 된 에리식톤은 자기 딸까지 노예로 팔고 그 돈으로 음식을 사 먹었어.

결국 에리식톤의 주위에는 아무것도 남지 않았는데 에리식톤의 배고픔은 멈추지 않았고 자기 자신까지 먹었어. 끝내 에리식톤은 음식을 씹을 수 있는 이빨만 남고 죽고 말았단다.

035 실종된 코레

봄, 여름, 가을, 겨울 이 사계절은 어떻게 만들어진 걸까? 그 이야길 지금 해줄게.

코레는 곡식의 여신 데메테르와 제우스 사이에서 태어난 딸이야. 그래서 꽃과 요정, 많은 동식물과 친하게 지냈지.

코레가 꽃을 따던 어느 날, 갑자기 땅이 갈라지고 지하에서 마차를 탄 하데스가 코레를 납치해서 지하세계로 돌아갔어. 비명에 놀란 데메테르는 딸을 찾았지만 이미 어디에서도 찾을 수 없었어. 데메테르는 절망하고 눈물을 흘렸지.

데메테르의 절망에 과일나무에서는 더 이상 과일이 열리지 않고 나무가 썩었으며, 곡식은 자라지 않는 땅이 되었어. 제우스는 데메테르가 절망에서 벗어나기 위해서는 딸을 되찾는 것밖에 없다고 생각하고 헤르메스를 시켜 코레를 되찾아 오라고 명령했지.

헤르메스가 지하 세계에 도착했을 땐 이미 코레가 하데스의 부인, 즉 지하세계의 여왕 페르세포네가 된 후였어. 하지만 제우스의 명령이었기에 하데스는 페르세포네를 지상으로 돌려보낼 수밖에 없었지. 하데스는 머리를 굴리더니 페르세포네에게 작별 선물로 석류 씨앗을 하나 먹이고 페르세포네를 놓아줬어,

그런데 헤르메스가 페르세포네를 지상세계로 올려보내려고 하자, 넘어가지지 않는 거야! 사실 지하세계의 음식을 먹은 자는 지상세계로 못 돌아가고 영원히 지하세계에서 살아야 하는 운명이 있는데 이를 이용한 하데스가 일부러 페르세포네에게 석류 씨앗을 먹였던 거야!

하지만 이대로 두다간 데메테르의 절망으로 지상세계의 곡식과 나무들이 멸종할 게 눈이 훤했으니 제우스는 하데스와 타협을 해 가을과 겨울에만 페르세포네를 지하세계에서 지내게 하는 걸로 정했어. 그래서

봄과 여름에는 데메테르와 페르세포네가 만나서 곡식과 과일이 열리고 가을과 겨울에는 곡식이 자라지 않는 거야.

036 시시포스의 거짓말

거짓말은 언젠가는 들통나는 법이지만, 코린토스의 왕 시시포스는 죽을 때까지 거짓말을 한 걸 들키지 않고 살았어. 그것도 신을 상대로 말

이야! 시시포스는 신들에게 어떤 거짓말을 한 걸까?

시시포스는 어느 날 숲을 걷고 있었는데 제우스가 독수리로 변신해 강의 신 아소포스의 딸 아이기나를 납치한 걸 목격하게 됐어! 제우스가 오이네스섬으로 날아간 걸 본 시시포스는 강의 신 아소포스에게 달려가 아크로폴리스에 샘물을 만들면 딸의 위치를 알려준다고 했어. 아소포스가 아크로폴리스에 샘물을 만들어 주자 시시포스는 제우스가 날아간 위치를 알려주었어. 그리고 아소포스는 아이기나를 구출했지.

하지만 이 일로 시시포스는 제우스를 분노하게 했어. 화가 난 제우스는 죽음의 신 타나토스에게 시시포스를 감금시키라고 명령했지만 오히려 타나토스가 시시포스의 속임수에 속아 감금당하고 말았지. 결국 제우스는 전쟁의 신 아레스에게 시시포스를 죽이라고 명령했고 시시포스는 저승으로 가게 되었어.

장례를 치러야지만 저승의 일원이 될 수 있단 걸 알고 있던 시시포스는 죽기 전 아내에게 자신이 죽더라도 장례를 하지 말라고 했고, 장례를 치르지 못한 시시포스는 계속 저승에 붙잡아 둘 수 없었기에 다시 이승으로 보내주었어.

시시포스는 행복하게 살다가 결국 나이가 들어 죽게 되었어. 장례를 치르고 저승으로 간 시시포스는 신들을 속인 죄로 타르타로스에 갇혀 무거운 바위를 산꼭대기까지 올려야 한다는 벌을 받게 되었지. 바위를 산꼭대기에 올리면 건너편으로 굴러떨어져 다시 바위를 올려야 하는 벌을 영원히 받게 되었단다.

037 아내를 구하러 저승으로 간 오르페우스

사랑하는 사람을 위해 저승으로 간 남자가 있어. 바로 오르페우스야.

오르페우스는 아버지인 아폴론의 음악적 재능을 물려받아 훌륭한 음악가로 명성이 자자했어. 그런 오르페우스는 우연히 물의 요정 에우리디케를 만나 한눈에 반해 결혼하게 되었어. 그런데 행복해야 할 결혼식에서 에우리디케가 독사에게 물려 죽어버린 거야! 오르페우스는 아내의 시체를 붙잡고 울부짖으며 저승으로 가서 아내를 되찾아 오겠다고 다짐했어.

오르페우스는 저승의 강을 건너 하데스와 페르세포네를 만났어. 그리고 자신의 사랑하는 아내 에우리디케를 돌려달라고 요구했지. 하데스는 어이없어하면서 돌려보내려고 했어. 하지만 오르페우스는 포기하지 않고 자신이 가진 음악적 재능으로 리라를 연주했지. 연주를 들은 페르세포네가 눈물을 흘리며 하데스에게 에우리디케를 살려달라고 간청했어. 덕분에 오르페우스는 영혼 상태인 아내를 다시 만날 수 있게 되었지.

에우리디케를 데리고 돌아가려는 오르페우스에게 하데스는 충고를 해줬어. 이승으로 돌아가는 내내 에우리디케는 오르페우스의 등만 보며 따라가야 하고, 오르페우스가 에우리디케를 보려고 뒤도는 순간 에우리디케는 다시 저승으로 끌려가게 된다는 충고였지.

충고를 명심하며 저승에서 이승의 문까지 힘겹게 온 오르페우스는 이승의 문이 보이자 기쁜 마음에 하데스의 경고를 잊고 에우리디케를 향해 뒤돌아봤어. 그 순간, 에우리디케는 다시 저승으로 끌려가 버리고 말았어.

결국 혼자 다시 이승으로 돌아오게 된 오르페우스는 땅을 두드리며 후회했지만, 에우리디케를 돌아오게 할 방법은 더 이상 남아있지 않았어. 이후 오르페우스는 모든 인간관계를 끊고 남은 삶을 아폴론의 신전을 관리하면서 보내게 되었단다.

038 메두사를 죽인 페르세우스

자신의 눈을 보는 자는 모두 돌로 만들어 버리는 무시무시한 능력을 가지고 있는 메두사! 다들 한 번쯤은 들어본 적 있지?! 하지만 이 무시무시한 메두사는 페르세우스의 손에 죽게 되지. 과연 페르세우스는 어떻게 메두사를 무찌를 수 있었을까?

페르세우스는 아르고스의 왕 아크리시오스의 손주였는데 어느 날, 아크리시오스는 페르세우스가 미래에 왕위를 위협할 거라는 신탁을 받게 돼. 신탁을 받은 아크리시오스는 페르세우스를 그냥 둘 수 없었고, 결국 페르세우스의 어머니 다나에와 페르세우스를 상자에 가둬서 바다에 버렸단다.

상자는 바다를 유유히 지나 세리포스섬에 도착하게 되었어. 어부인 딕티스가 상자를 발견하게 되고 다나에와 페르세우스를 가족처럼 돌보아 주었어. 딕티스의 도움으로 어부가 된 페르세우스도 어느덧 청년이 되었지.

그러던 어느 날, 딕티스의 형이자 세리포스섬의 왕인 폴리덱테스가 다나에에게 반해 그녀를 유혹했지만 다나에는 페르세우스를 생각해 거절했어. 폴리덱테스는 왕의 자존심에 금이 가서 다나에가 소중히 생각하는 페르세우스를 죽이려고 했지. 왕의 신분으로 직접 죽일 수는 없었기에 폴리덱테스는 페르세우스에게 메두사의 목을 가져오라고 명령했어.

다음 날 아침, 페르세우스 앞에 헤르메스 신이 나타나 하늘을 나는 샌들과 모든 것을 베는 낫, 하데스의 투구를 주고 아테나 여신의 거울처럼 맑은 방패를 빌려줬어.

신들이 빌려준 무기로 무장한 페르세우스는 메두사의 성에 들어갔어. 성에는 이미 메두사의 저주에 걸려 돌로 변한 사람들이 잔뜩 있었지. 페르세우스는 두려웠지만 돌이 된 사람들을 뒤로하고 메두사의 방에 들어갔어. 그러자 메두사가 기다렸다는 듯이 페르세우스를 돌로 만들기 위해 그를 쳐다봤어.

하지만 아테나의 맑은 방패가 있었던 페르세우스는 얼른 방패를 들이밀었고, 맑은 방패에 비친 자신의 눈 때문에 결국 메두사는 돌로 변하고 말았어. 그렇게 메두사가 죽자 돌이 되었던 사람들은 다시 사람의 모습으로 돌아왔어. 그리고 페르세우스는 사람들과 함께 배를 타고 세리포스로 돌아갈 수 있었지.

모든 일이 끝난 페르세우스는 메두사의 머리를 전쟁의 여신 아테나에게 바쳤고 아테나는 자신의 방패 중앙을 메두사의 머리로 장식했어.

039 키메라를 죽인 벨레로폰

사자의 모습에 등에는 염소 머리, 꼬리는 뱀으로 이루어졌다는 키메라! 키메라는 사람들에게 공포의 대상이었지만 한 영웅이 용감하게 키메라를 처치했어.

그 영웅은 바로 벨레로폰이야. 벨레로폰은 코린토스의 왕자였지만 형제를 실수로 죽이고 코린토스에서 추방되어 티린스로 향했어. 티린스에서 프로이토스 왕이 살인죄를 씻어주고 새 삶을 살고 있었지.

하지만 벨레로폰이 유명해지자 자신의 왕위에 위험을 느낀 프로이토

스 왕이 벨레로폰을 죽이기 위해 리키아에 있는 키메라를 죽이라고 명령했어.

그날 밤, 벨레로폰의 앞에 아테나 여신이 나타나더니 황금 재갈을 주고 페가수스가 쉬고 있는 페이레네 연못에 데려다줬어. 벨레로폰은 무장하고 물을 마시던 페가수스에게 다가가 황금 재갈을 채우고 바로 키메라한테 날아갔어.

키메라는 뜨거운 불을 내뿜으며 모든 것을 불태우고 있었는데 페가수스를 탄 벨레로폰까지는 불이 닿지 않았어. 벨레로폰이 납덩이를 화살촉에 묶고 키메라의 입에 쏘자 키메라는 온몸이 불타 죽어 버렸어. 리키아의 이오바테스 왕은 벨레로폰을 공주 필로노에와 결혼시키고 나라를 다스리게 했단다.

040 펠레우스의 인생

그리스 로마 신화의 영웅 중의 영웅 아킬레우스의 아버지 펠레우스는 안타까운 인생을 산 인물이야. 그의 인생 이야기 속으로 들어가 보자!

펠레우스는 한 나라의 왕자로 태어났지만 원반 던지기 연습을 하다 실수로 친동생을 죽이고 말았어. 화가 난 왕은 펠레우스를 나라에서 추방해 버렸지. 프티아에 도착한 펠레우스는 프티아의 왕 에우리티온의 딸과 결혼하고 영토의 3분의 1을 다스리게 되었어.

그러던 어느 날, 에우리티온과 함께 칼리돈의 멧돼지 토벌 길에 나섰는데 실수로 펠레우스가 던진 창에 에우리티온이 등에 맞아 죽어버리고 말았어. 왕이자 장인이었던 에우리티온을 죽이게 된 펠레우스는 다시 도망쳤고 이올코스에 도착했어.

이올코스의 왕 아카스토스는 펠레우스를 반갑게 맞이했어. 왕비 아스티다메이아는 펠레우스를 처음 본 순간 반해서 펠레우스에게 접근해. 하지만 펠레우스는 단호히 거절했고 이에 분노한 아스티다메이아는 아카스토스에게 펠레우스가 자신을 덮치려 했다고 거짓말을 했어.

아카스토스는 분노하며 펠레우스를 죽이려 했어. 하지만 손님을 죽이는 것은 법적으로 금지되어 있었기에 펠레우스에게 사냥을 나가자고 하고 상반신은 인간, 하반신은 말인 사나운 켄타우로스들이 많은 숲속에 펠레우스를 버리고 왔어.

밤이 되고 사나운 켄타우로스들이 순식간에 펠레우스를 둘러싼 순간! 케이론이 나타나 펠레우스를 구해주었어. 케이론은 펠레우스를 자신의 집에서 살 수 있게 해주면서 스승으로 펠레우스와 친하게 지냈어. 케이론은 펠레우스와 바다의 여신 테티스가 결혼할 수 있게 도와주기도 했어. 하지만 테티스는 바다의 여신이었기에 인간인 펠레우스와 같이 살 수 없었고 둘은 바다와 육지에 따로 살았지. 테티스가 낳은 아들 아킬레우스는 펠레우스가 정성껏 키웠고, 이후 아킬레우스는 그리스 신화에서 영웅 중의 영웅으로 불리게 돼.

041 마녀이자 여신인 키르케

아이아이아섬에서 혼자 살며 섬의 침입자들을 동물로 바꾸고 하인으로 부려 먹어서 사람들에게 마녀로 불린 키르케의 이야기를 들어보지 않을래?!

어느 날, 아이아이아섬에 트로이 전쟁에서 승리하고 고향으로 돌아가던 오디세우스의 배가 도착했어. 부대장 에우릴로코스는 대장인 오디세우스의 명령으로 부하들과 함께 섬의 중심까지 갔는데 거기엔 보기만 해도 무시무시한 사자와 호랑이들이 있었지. 그런데 육식동물인 사자와 호랑이가 배를 뒤집고 재롱을 부리고 있는 거야!

당황한 에우릴로코스는 앞에 보이는 대저택으로 부하들을 조사하라며 보내고 숨어서 지켜보았어. 대저택의 주인인 키르케가 나와 처음 보는 부하들을 맞이하고 맛난 음식과 포도주를 내어 주었어. 자기 집에서 쉬었다 가시라는 말과 함께 말이지. 그렇게 부하들은 오랜만의 휴식을 즐기고 있었는데 갑자기 키르케가 지팡이로 부하들의 등을 치자 모두 돼지로 변해버렸어!

이 광경을 엿보고 있던 에우릴로코스는 충격을 받고 배로 돌아가 오디세우스에게 이 일을 보고했어. 오디세우스는 헤르메스 신에게 부하들을 구할 수 있도록 도움을 요청했어. 헤르메스 신은 오디세우스에게 허브 하나를 주며 이 허브를 포도주 안에 넣으면 마셔도 동물로 변하지 않을 것이라고 했어. 오디세우스는 허브를 갖고 부하들을 구하기 위해 키르케의 저택으로 향했지.

키르케를 만난 오디세우스는 포도주 안에 허브를 넣고 마셨어. 오디세우스가 음식을 다 비우자 키르케가 지팡이로 오디세우스의 등을 두드렸지만 몇 번을 두드려도 돼지로 변하지 않았지. 당황해하는 키르케를 향해 오디세우스는 검을 꺼내 키르케의 목을 겨눴어. 죽을 위기에 처한 키르케는 오디세우스가 원하는 대로 부하들을 인간으로 되돌려줬어.

키르케는 마녀 메데이아의 고모인데 둘 다 사랑을 잃었다는 공통점이 있어. 메데이아는 아르고 호의 원정대 리더 이아손을 사랑했지만 이아손이 다른 여자를 만났고 키르케는 오디세우스가 고향으로 돌아가야만 했기에 짝사랑했던 오디세우스를 떠나보냈어.

한국 신화

042 단군신화

한반도의 최초의 왕은 누구일까? 바로 단군왕검이야. 단군왕검의 아버지 환웅은 하늘세계의 왕 환인의 아들이었어. 환인은 아들이 지상세계에 관심이 있다는 걸 눈치채고 아들에게 청동 검과 청동 거울, 청동 방울, 즉 천부인을 주고 태백산으로 내려가 근처를 다스리라고 명령했어. 천부인과 삼천 명의 신하, 바람의 신, 비의 신, 구름의 신을 데리고 태백산에 내려간 환웅은 인간 세상의 360가지 일을 토대로 인간들을 다

스리고 있었지.

그러던 어느 날, 곰과 호랑이가 환웅에게 인간이 되고 싶다고 엎드려 빌었어. 환웅은 쑥 20개와 마늘 20개를 주고 너희가 100일 동안 빛도 없는 깜깜한 동굴에서 이것들을 먹으면 인간이 될 거라고 말했어. 호랑이는 중간에 뛰쳐나왔지만 곰은 꾸준히 쑥과 마늘을 먹었고 21일이 되자 인간이 되었어. 곰은 인간이 되어 웅녀라는 이름을 얻었지만 짝이 없어 매양 신단수 아래에서 환웅에게 남편이 필요하다고 빌었고 환웅은 친히 인간으로 변해 웅녀와 결혼했어.

웅녀와 환웅 사이에는 단군왕검이 태어났고 단군은 성장해서 평양을 수도로 삼고 조선을 세웠어. 단군은 1500년 동안 조선을 다스리고 1908세가 되자 왕위를 내려놓고 이사달 산으로 가 산신이 되었단다.

99퍼센트가 모르는 한국 신화 이야기

바람의 신, 비의 신, 구름의 신은 당시 시대가 농경사회임을 보여주고 있어. 환웅이 웅녀와 결혼한 것은 환웅 집단이 곰 부족을 다스리게 되었다고 말해주고 있어.

043 주몽 신화

고구려를 건국한 주몽! 주몽은 천제의 아들 해모수와 강의 신인 하백의 딸 유화의 아들로 태어났음에도 힘든 어린 시절을 보냈어. 주몽이 고구려를 건국하기까지의 이야기 들어보지 않을래?!

주몽은 유화가 낳은 알에서 태어났는데 태어난 지 한 달 만에 말을 하기 시작했어. 그리고 활과 화살을 쥐여주니 활로 파리를 잡을 만큼 뛰어난 실력을 보여서 유화는 아들의 이름을 주몽으로 정했단다.

어느 날, 주몽은 금와왕의 아들들과 놀았는데 금와왕의 아들들은 잘 생기고 활도 잘 쏘는 주몽을 질투했어. 아들들의 질투심은 해가 지날수록 커졌고 결국 주몽을 암살하려고 마음먹었지. 유화는 말들의 고삐를 주몽에게 쥐여주며 금와왕의 아들들의 계획을 말하고 너와 가장 친한 세 명의 친구와 함께 동부여에서 도망치라고 했어.

그날 밤, 주몽은 도망쳤고 금와왕의 아들들이 보낸 군대가 주몽 일행을 뒤쫓았어. 주몽 일행은 깊은 강에 도착했는데 주몽이 말에서 내려 "천제의 아들 해모수의 아들이며 강의 신 하백의 손자인 저, 주몽을 구해주십시오" 라 말하고 활시위를 강에 쳤어.

그러자 자라와 물고기들이 강 위에 떠올라 말들이 건널 수 있는 길을 만들어 주었지! 주몽 일행이 안전하게 강을 건너자 자라와 물고기들은 물속으로 사라져 군대가 주몽 일행을 쫓지 못하게 해주었어.

주몽 일행은 졸본에 도착해 고구려를 세우고 주몽은 19년 동안 나라를 돌보다가 하늘로 올라갔어. 그런데 주몽이 하늘에서 내려오지 않자 태자는 용산에서 주몽의 옥채를 묻었단다.

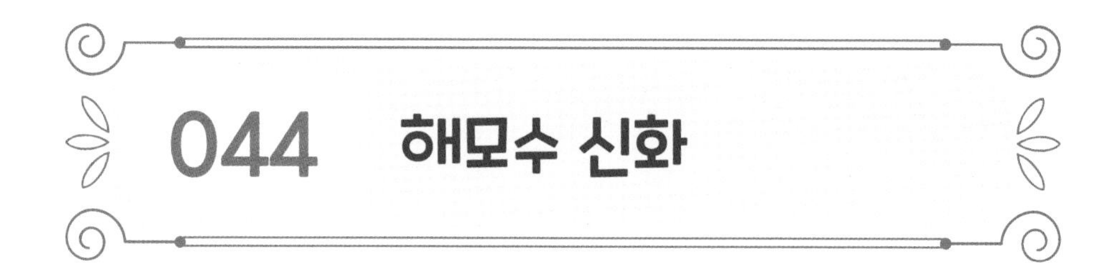

044 해모수 신화

주몽의 아버지 해모수는 이 세상을 다스리는 천체의 아들이야. 그는

평소 인간세상에 관심이 많아 100명의 신하를 데리고 내려와 낮에는 인간들을 도와주고 밤에는 천체가 있는 하늘나라로 올라갔어. 그래서 사람들은 해모수를 천왕랑이라 불렀지.

인간들이 성장하자 해모수는 하백의 막내딸 유화와 결혼하고 싶었어. 하지만 해모수가 천체의 아들인 걸 믿지 않은 하백은 자신과 결투해서 이기면 유화와의 결혼을 허락하겠다고 선언했어.

하백이 먼저 잉어로 변신하니 해모수가 수달이 되었고, 하백이 사슴으로 변하자 승냥이로 변해 사슴을 따라잡았어. 하백이 꿩으로 변신하자 해모수는 매로 변신했지. 결국 하백은 해모수가 천체의 아들인 걸 인정하고 유화와의 결혼을 허락했어.

밤이 되자 해모수는 하늘로 올라갈 준비를 했어. 이제 유화가 아내가 되었으니 같이 올라가야 하는데 해모수가 혼자 올라갈까 봐 하백은 해모수를 술에 취하게 만들었어. 해모수가 취해 보이자 하백은 해모수가 하늘로 올라갈 때 쓰는 다섯 마리의 용이 끄는 수레에 유화를 밧줄로 묶었어. 그런데 해모수는 술이 깬 지 오래였고 밧줄을 풀어 유화를 내려두고 혼자 하늘나라로 올라가 버렸지.

하백은 가문의 명예를 더럽혔다는 이유로 유화의 입술을 크게 늘려 말을 못 하게 하고 팔과 다리를 묶고 강에 버렸는데 강물을 따라 유화가 도착한 곳은 금와왕이 다스리는 동부여였어. 한 어부가 손발이 묶인 유화를 발견하고 금와왕에게 바쳤는데 금와왕은 한눈에 유화가 해모수의 아내인 걸 눈치채고 별궁에 두어 정성스레 대접했어. 시간이 지나자 유화의 배를 해가 비치더니 유화는 임신하게 되었고 유화가 낳은 아기가 바로 주몽이란다.

99퍼센트가 모르는 한국 신화 이야기

하백은 현재 중국과 북한의 경계선에 있는 압록강의 신이야. 우리는 해모수 신화로 고구려의 땅이 얼마나 넓었는지 짐작할 수 있어.

045 가야 건국 신화

일반적으로 삼국시대라고 하면 고구려, 신라, 백제 시대를 떠올리지만, 사실은 하나의 나라가 더 있었어. 바로 가야라고 하는 나라인데 이곳의 건국 신화를 들어볼래?!

아주 오랜 옛날 국가가 없던 시절. 아홉 개의 마을을 이끌던 아홉 명의 추장이 있었어. 어느 날, 아홉 개의 정상이 있는 구지봉 산에서 신의 목소리가 들리자 2, 3백 명의 사람이 몰렸고 아홉 명의 추장도 구지봉에 모였지. 신은 자신이 있는 곳이 어디냐고 물었어. 그리고 추장들은 한목소리로 구지봉이라 답했어. 신은 이렇게 말했어.

"구지봉으로 내려와 인간들을 다스릴 테니 구지봉 아홉 정상의 흙을 한 명씩 각각 손에 쥐고 거북아, 거북아 머리를 내놓아라! 내놓지 않는다면 구워 먹어버릴 테다!라고 노래를 부르며 춤을 추거라."

추장들은 신이 명령한 대로 했어. 그러자 하늘에서 황금 상자를 묶은 보랏빛 끈이 내려왔어. 추장들이 상자를 열어보니 황금알이 여섯 개가 있었어! 놀란 사람들과 추장들은 황금알에 절을 했고 한 추장의 집에 고이 모셔두었지.

열두 시간이 지나자 황금알에서 여섯 사내아이가 태어났어. 제일 먼저 알에서 태어난 남자아이의 이름은 '김수로'라고 정했지. 김수로는 태어난 지 열흘 만에 어른으로 성장했어. 김수로는 나라를 세워 금관가야라는 이름을 지었고, 나머지 다섯 동생도 각자 나라를 세워 다스리기 시작했지. 그게 바로 가야가 여섯 개의 나라로 나뉘어 있었던 이유인 거야.

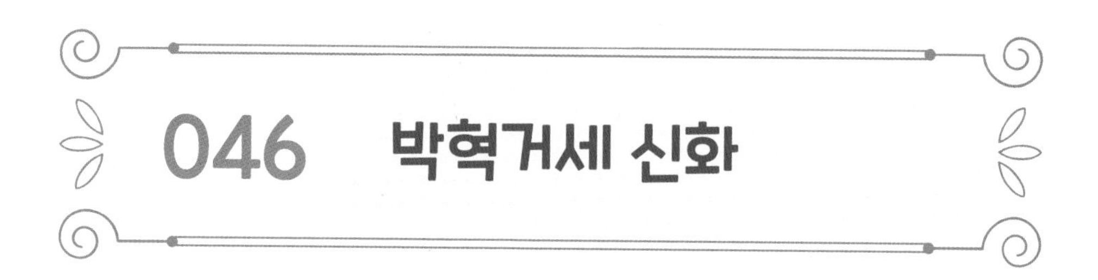

046 박혁거세 신화

신라를 세운 왕은 박혁거세 거슬한이야. 박혁거세 거슬한은 알에서 태어났다고 하는데 정말일까?!

옛날 고구려, 백제, 신라도 없던 시절, 진한 땅의 여섯 마을의 촌장이 알천이라는 강에 모여 회의를 했어. 공정하고 남을 넓게 이해하는 사람을 왕으로 정하고 나라를 건국하자는데 의견을 모였지.

강을 따라 올라 높은 산 위에서 좋은 땅이 어디 있나 보는데 나정이란 우물가에서 흰 말이 절을 하고 있는 거야. 촌장들이 심상치 않아 내려갔는데 말은 촌장들을 발견하자마자 길게 울음소리를 내고 하늘로 올라갔고 말이 절한 곳에는 자줏빛의 알이 있었어.

촌장들이 자줏빛 알을 깨뜨리니 사내아이가 나왔고 동천샘에 목욕시키자 금빛의 빛을 뽐내는 거야! 그리고 새와 말, 온갖 짐승들이 노래하고 춤췄으며 해와 달이 더욱 밝게 빛나서 사내아이의 이름을 혁거세라 칭하고 왕의 칭호를 거슬한이라 정했어.

혁거세가 알에서 태어난 같은 날, 알영이라 부르는 우물가에서는 닭의 얼굴을 한 용, 계룡이 왼쪽 겨드랑이에서 예쁜 여자아기를 낳았는데 입이 닭의 부리 모양이었어. 그런데 월성의 북천 냇가에서 목욕하자 닭의 부리가 떨어지고 사람의 입이 보였지. 그래서 성을 박이라 정하고 이름은 알영이라 정했어.

사내아이와 여자아이가 열세 살이 되던 날 둘은 왕과 왕후가 되었고 국가의 이름을 서라벌이라 명했어. 서라벌은 시간이 지나 여러 차례 나라의 이름을 바꾸면서 너희들이 잘 아는 신라가 된 거야.

047 동명왕 신화

부여를 건국한 동명왕의 이야기, 들어볼래?!

동명왕의 아버지는 북쪽 오랑캐의 나라 탁리국의 왕이었어. 왕은 자신을 모시는 몸종이 임신하자 몸종을 죽이려고 했어. 그런데 몸종은 달걀만 한 기가 하늘에서 내려와 임신했다며 제가 임신한 것은 하늘의 뜻이라고 했어. 이를 기묘하게 여긴 왕은 몸종을 죽이지 않았어.

몸종은 목숨을 건졌지만 태어난 남자 아기는 바로 똥과 오줌으로 가득한 추운 돼지우리에 넣어져 죽을 위기에 처했어. 그런데 돼지들이 입김을 불어 따뜻하게 만들어 아기가 죽지 않도록 했어. 왕은 이를 기이하

게 여겨 이번에는 말들이 사는 마구간에 아기를 넣었어. 당연히 말들이 아기를 밟아 죽일 거라 생각했지만 이번에는 말들이 돼지와 똑같이 입김을 불며 아기를 따뜻하게 보살폈지.

결국 왕은 아기가 하늘이 선택한 사람인 걸 인정하고 동명이라는 이름을 지어주었어. 동명의 엄마인 몸종에게 동명을 다시 돌려주며 더러운 돼지와 말을 기르는 종처럼 기르라고 명령했어.

동명은 어머니를 보살피며 점차 성장했는데 활에 큰 재능을 보였어. 동명의 활 실력은 나날이 늘기 시작했고 이 소식은 왕의 귀에도 들어갔어. 왕은 동명이 위협적인 인물이 될 거라 생각했고 다시 동명을 죽이려고 마음먹었지. 동명의 엄마는 왕이 아들을 죽이려는 걸 소문으로 알게 되었고 동명에게 활과 화살을 들고 남쪽으로 도망치라고 말했어.

동명은 날이 트자마자 왕의 군대에서 도망쳐 엄호수에 도착했는데 물이 매우 깊었어. 군대는 코앞까지 쫓아온 상황이었지. 그 순간 동명이 활로 물을 치자 물고기와 자라들이 떠올라 동명이 엄호수를 건너게 해 준 거야! 왕의 군대는 깊은 엄호수에 동명을 놓치게 되었고 어머니의 말대로 남쪽에 도착한 동명은 자신이 도착한 곳을 수도로 삼고 부여를 건국했단다.

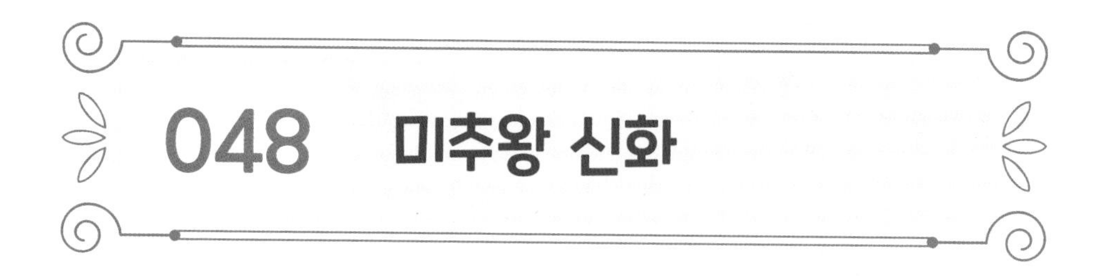

048 미추왕 신화

미추왕 신화는 신라 제13대 왕 미추왕을 기리기 위한 신화야.

신라 13대 왕인 미추왕은 23년 동안 왕의 자리를 지켰어. 그리고 세상을 떠나 흥륜사 동쪽에 묻혔지. 그런데 다음 왕의 자리를 물려받은 유리왕 때 이서국 사람들이 신라의 수도인 금성을 침략한 거야! 신라는 군대를 보내 이서국 사람을 막아보려 했지만 역부족이었어.

그때 갑자기 대나무 잎을 귀에 꽂은 군사들이 나타나 순식간에 이서국 사람들을 무찔렀지. 사람들은 이 정체 모를 군사들에게 감사의 인사를 표하려 했지만 이미 사라진 뒤였어. 그런데 대나무 잎이 미추왕릉 앞에 가득 쌓여 있는 게 아니겠어?! 유리왕은 선대왕께서 나라를 지키

기 위해 도와주셨다는 걸 깨닫고 미추왕릉이 아닌 죽현릉이라 칭했지.

몇백 년의 시간이 흘러 혜공왕이 즉위한 지 15년 4월, 갑자기 삼국을 통일시킨 신라의 명장 김유신 장군의 무덤에서 회오리바람이 불더니 죽현릉에 도착해 흐느끼며 울었어.

"신은 삼국을 통일하고 죽었음에도 나라를 지키려는 마음은 변함없사옵니다. 그런데 저의 후손들이 죄 없이 나라에 죽으니 더는 나라를 지키지 않겠사옵니다."

미추왕은 그런 김유신을 달래며 말했어.

"자네와 내가 이 나라와 백성을 지키지 않는다면 누가 지킨단 말인가? 그러니 이 나라를 위해서 힘을 써 주게."

김유신은 그 말을 듣고 자신의 무덤으로 돌아갔지. 한편 혜공왕은 김유신 장군의 영혼이 신라를 떠날 수도 있다는 말을 듣고 신하 김경신을 대신 보내 김유신 장군의 묘 앞에서 사과했고, 김유신 장군을 위해 세운 취산사 절에 땅을 바쳐서 김유신 장군의 명복을 빌었단다.

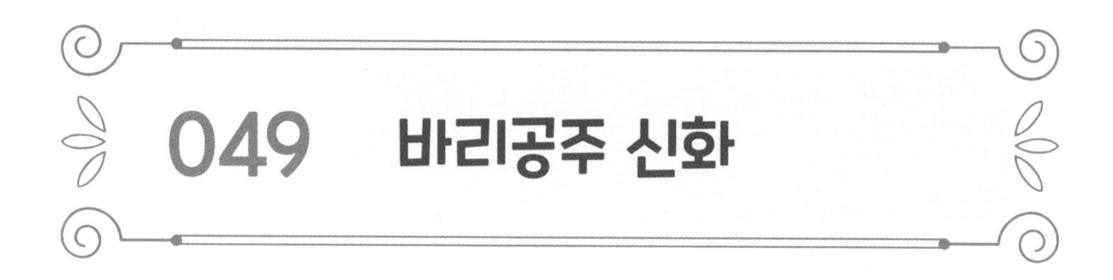

049 바리공주 신화

옛날에는 딸보다 아들을 귀하게 여기는 남존여비 사상이 강했어. 그래서일까? 여섯 자매를 낳았는데 일곱 번째 막내까지 딸이라는 이유로 아버지가 막내딸을 버린 이야기가 있어. 바로 바리공주의 이야기야.

바리공주의 부모님은 왕과 왕비였어. 왕과 왕비는 천하궁 다지박사의 시기에 알맞게 결혼하라는 충고를 무시하고 일찍 결혼해 둘 사이에는 딸만 있게 되었어. 왕은 자신은 늙어 가는데 왕위를 이을 아들이 없으니 속이 타들어 갔고, 계속해서 딸만 태어나자 결국 막내딸을 버렸어. 딸은 비리공덕 할머니와 비리공덕 할아버지가 발견했고 바리공주라는 이름을 지어줬어.

한편 왕과 왕비는 심한 병에 걸려 여섯 딸에게 서천꽃밭으로 가서 양유수와 꽃을 가져오라고 시켰어. 하지만 딸들은 서천꽃밭의 여행길이 얼마나 험할지 알기에 모두 거절했지. 결국 왕은 신하들에게 막내딸을

데려오라고 시켜서 바리공주는 몇십 년 만에 친부모님을 만나게 되었어. 자신을 버린 못된 아버지이지만 서천꽃밭으로 가서 양유수와 꽃을 가져오겠다고 약속하고 서천꽃밭으로 향했지.

바리공주는 왕의 부탁으로 서천꽃밭에 도착했어. 양유수의 관리자 무장승이 바리공주를 막아서며 양유수를 가져갈 자격이 되는지 시험했어. 바리공주는 시험에 통과하기 위해 여러 고된 일도 마다하지 않았어. 바리공주는 열심히 일을 하다가 관리자와 사랑에 빠져 둘은 일곱 자식을 낳았고 부모님을 살릴 꽃과 양유수를 얻고 가족들과 함께 부모님을 치료하러 돌아갔어.

그런데 이미 부모님은 돌아가셔서 나라에서 장례를 치르고 있던 거야. 바리공주는 포기하지 않고 부모님의 입안에 양유수를 넣고 꽃으로 부모님을 살리는 데 성공했어! 바리공주는 부모님을 살린 업적을 인정받아 저승의 신이 되었고 일곱 자식은 칠성이라 불리는 신이 되었단다.

99퍼센트가 모르는 한국 신화 이야기

> 죽음을 초월하고 부모님을 살린 바리공주의 이야기는 진오기굿이라는 무속신앙으로 재탄생했어. 바리공주는 진오기굿에서 죽은 영혼을 달래주거나 영혼이 저승으로 가는 길을 알려줘.

050 거타지 설화

용의 선택을 받고 용의 딸과 결혼한 영웅 거타지의 이야기를 들려줄게.

신라 진성여왕의 막내아들 양패는 당나라의 사신으로 배를 타고 당나라로 갔어. 그리고 명궁으로 소문난 거타지도 사신 일행에 들어갔지. 사신 일행이 탄 배는 거친 파도를 만나 곡도라는 섬에 배를 정박했어. 아무리 기다려도 파도가 잠잠해지지 않자 양패의 신하가 점을 보았어. 그 점괘에는 곡도의 연못에서 제사를 지내야 파도가 잠잠해진다고 나왔어.

하지만 연못에 제사를 지냈는데도 파도는 잠잠해지지 않았고 결국 곡도에서 하룻밤 자기로 정했어.

그리고 그날 밤, 양패의 꿈에 한 노인이 "명궁을 곡도에 남기면 파도가 잠잠해진다"라는 말을 했고, 양패는 명궁 거타지를 곡도에 남기기로 했어.

섬에 홀로 남게 된 거타지의 앞에 한 노인이 나타나 부탁했어.

"나는 서해의 신이지만 매일 아침 사악한 중이 내 가족들을 잡아먹어서 아내와 딸만 남게 되었으니 내일 아침에 중을 쏘아 죽여주게."

노인의 부탁에 거타지는 무장을 하고 아침까지 기다렸어. 그리고 해가 연못을 비추자 중이 연못의 앞에 나타나 서해 신의 가족들을 향해 불경을 외웠어. 불경을 외우고 있는 중을 향해 거타지는 화살을 쏴서 맞혔지. 그런데 화살을 맞은 중이 여우로 변했어. 중은 늙은 여우가 변신했던 거였지.

서해의 신은 보답으로 딸을 주고 당나라로 갈 수 있게 용 두 마리를 빌려줬어. 거타지는 용을 타고 사신 일행에 다시 합류했지. 당나라의 왕은 사신 일행에게 용이 있는 것을 보고 극진히 대접했고 다시 신라로 돌려보내 주었지. 다시 돌아온 거타지는 서해 신의 딸과 결혼해 행복하게 지냈어.

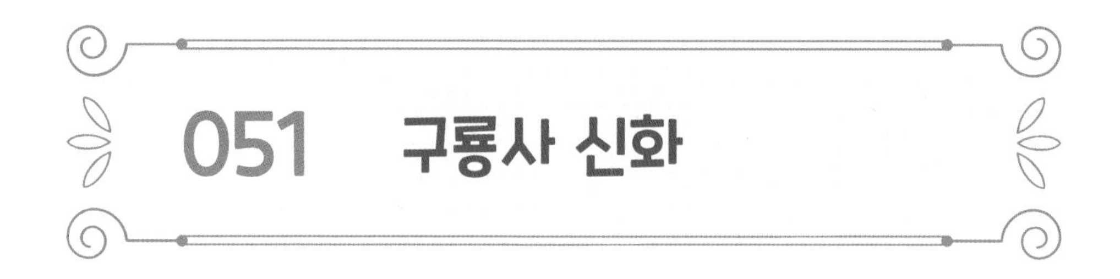

051 구룡사 신화

통일신라시대에 지어진 구룡사는 두 개의 뜻을 지니고 있어.

스님인 의상조사는 풍경이 좋은 치악산의 연못에 절을 세우려고 했는데 연못에는 아홉 마리의 용이 살고 있었어. 용들을 쫓아낼 수도 없고, 절을 안 세울 수도 없어 고민에 빠져 있던 의상조사는 용들에게 대결을 제안했지. 자기가 이기면 용들이 연못에서 나가기로 하고 말이야. 용들은 비를 내려 의상조사와 치악산이 물에 잠기게 하려고 했어. 하지만 상관없다는 듯 의상조사는 치악산 꼭대기에 배를 두고 배 위에서 낮잠을 잤어. 그리고 잠에서 깬 의상조사는 연못에 부적을 넣어 연못이 끓게 했어. 연못이 끓자 용들은 동해로 도망쳤는데 한 마리는 눈이 멀어

근처 연못에서 살았어.

대결에서 이긴 의상조사는 흙으로 연못을 메우고 절을 지었어. 그리고 그 절의 이름을 아홉 마리의 용이 살았던 곳이라고 해서 구룡사라고 정했지.

구룡사가 또 다른 의미를 띠게 된 사연이 있어. 아름다운 치악산의 경치에 반해 많은 스님이 구룡사에서 수행을 했어. 그런데 치악산의 나물이 보약이라 나물을 얻으려고 구룡사를 방문하는 사람들도 점점 많아졌지. 나물을 더 많이 얻기 위해 사람들은 구룡사의 스님들에게 뇌물을 주기 시작했어. 그렇게 시간이 흐르자 결국 구룡사는 뇌물로 타락해지고 말았어.

그러던 어느 날, 한 스님이 구룡사를 관리하는 주지 스님에게 거북 바위를 쪼개면 스님들이 뇌물을 받지 않을 거라고 말해주었어. 그 말을 따른 주지 스님은 거북 바위를 쪼개었고, 신기하게도 그 뒤로 사람들이 절로 오지 않았어.

그런데 나물을 얻기 위한 사람뿐만 아니라, 일반 사람들까지 아예 발길이 뚝 끊겨 버렸어. 그러자 주지 스님은 난처해졌는데 그때 도승 한 명이 찾아와 구룡사九龍寺의 아홉 구九를 거북 구龜로 바꾸면 괜찮아질 거라고 했어. 도승의 조언대로 절의 이름을 바꾸자 더 이상 스님들이 뇌물을 받지 않고 사람들도 활발히 찾아왔다고 해.

052 석탈해 신화

신라 남해왕 시절, 물고기를 잡던 할머니 눈에 까치 떼가 바다 위에서 날고 있는 것이 보이는 거야. 이상하게 여긴 할머니가 가보니 한 척의 배와 그 안에는 큰 상자 하나가 있었어. 육지로 돌아와 상자를 열어보니 잘생긴 사내아이 하나와 노비 둘, 그리고 여러 금은보화가 있었어. 할머니는 사내아이를 7일 동안 보살펴 주었지. 그러자 사내아이가 말했어.

"저는 용성국의 왕자인데 알에서 태어났다는 이유로 어머님께 버려졌습니다."

그렇게 말하고 사내아이는 노비와 함께 토함산의 정상에 무덤을 파고 7일 동안 잠들었다가 신라시대의 임금을 돕고 신하들을 관리하던 호공의 집으로 향했어.

사내아이는 속임수를 써 호공의 집 안에 숯과 숫돌을 묻고 호공의 집 문을 두드렸어. 호공이 집 밖으로 나오자 대뜸 여기는 자신의 대장장이 조상이 살던 곳이니 썩 나가라고 소리쳤지. 호공이 어이없어하자 못 믿겠으면 너의 집 안에 숯과 숫돌이 있을 것이니 잘 찾아보라고 말했어. 호공은 숯과 숫돌이 어디 있겠냐며 코웃음을 쳤지만 정말로 집 안에서 숯과 숫돌이 나왔고, 결국 호공의 집은 사내아이의 소유가 되었어.

호공의 집을 빼앗은 사내아이의 소문은 남해왕의 귀까지 들렸고 남해

왕은 사내아이를 맏사위로 정하고 탈해라는 이름을 지어줬어. 후에 탈해는 노례왕을 이어 신라의 왕이 되어 23년 동안 집권하고 죽었어. 여러 차례 묘를 옮기다가 동악산에 석탈해의 뼈를 담은 상자를 묻고 탈해를 동악신이라 부르며 칭송했단다.

053 칠성풀이

사람들의 행복을 책임지는 신들이 있어. 바로 칠성신이야.

천하궁의 칠성님과 지하궁의 매화부인 부부는 오랫동안 아기를 낳지 못했어. 그래서 옥황상제에게 제발 아기를 낳게 해달라고 빌었지. 그러자 매화부인은 일곱 명의 아들을 낳게 되었어. 그런데 칠성님은 아들을 일곱이나 낳은 매화부인이 징그럽다며 하늘나라로 올라가 옥녀부인과 살아버렸어. 매화부인은 슬픔에 빠져 일곱 명의 아들을 죽이려고 했는데 도승이 하늘이 선택한 아들들이니 열심히 키우라고 독려했고 매화부인은 혼자서 일곱 명의 아들을 훌륭하게 키웠단다.

하지만 아들들은 아버지의 빈자리가 너무 컸기에 매화부인에게 물어 아버지가 칠성님인걸 알자 하늘나라로 올라가 아버지를 만나고 아버지의 여러 시험을 거쳐 아들로 인정받았어.

칠성님과 아들들이 행복한 시간을 보내고 있었을 때 옥녀부인은 아

들들이 자신의 자리를 빼앗을 수 있다고 생각해 아들들을 죽이려고 칠성님에게 죽을병이 걸렸다고 거짓말했어. 칠성님은 옥녀부인의 말을 믿고 점쟁이에게 옥녀부인의 병의 치료법을 물었더니 아들들의 간을 모두 먹어야지만 옥녀부인의 병이 낫는다는 거야! 충격에 빠진 칠성님은 터덜터덜 점집에서 나갔는데 점쟁이의 모습이 옥녀부인으로 바뀌었어. 맞아. 사실 옥녀부인이 점쟁이로 변신했던 거야.

옥녀부인에게 속은 줄 모르고 칠성님이 한숨만 쉬고 있자 아들들이 무엇이 고민이시냐고 물었어. 그리고 칠성님은 옥녀부인의 병과 치료법을 말해줬어. 아들들은 자식은 또 낳으면 되니 자신들의 간을 옥녀부인에게 바치라고 말하고 칼을 든 칠성님과 산을 올랐는데 한 사슴이 칠성님에게 일곱 개의 간을 바치고 떠났어.

칠성님은 옥녀부인에게 일곱 개의 간을 주었는데 옥녀부인이 간을 먹지 않자 칠성님은 옥녀부인의 거짓말을 눈치챘어. 이후 칼로 옥녀부인을 죽이고 아들들과 함께 지상으로 내려가 매화부인과 행복하게 살았단다.

99퍼센트가 모르는 한국 신화 이야기

후에 아들들은 칠성신이란 단어 그대로 일곱 아들 모두 신이 되었어. 중국의 어떤 종교에서는 달, 화성, 수성, 목성, 금성, 토성, 태양을 길흉화복의 별로 생각해서 칠성신에서 한 명의 신마다 하나의 별을 맡는다고 믿고 있어.

054 이공본풀이

한국 신화에 자주 등장하는 서천꽃밭! 서천꽃밭을 관리하는 사람을 꽃감관이라고 부르는데 꽃감관이 되려면 어떻게 해야 할지 알아볼까?

아주 오랜 옛날, 사라도령과 임신한 원강아미 부부가 살고 있었어. 그

러던 중 사라도령이 꽃감관으로 임명돼 서천꽃밭으로 원강아미와 함께 가려 했어. 그런데 서천꽃밭까지 향하는 길이 워낙 험난해서 임신한 원강아미를 데려갈 수는 없었던 거야. 그래서 사라도령은 친한 친구 장자에게 원강아미를 보살펴 주라고 부탁했지.

하지만 믿었던 장자와 그의 가족들이 원강아미를 괴롭혔고, 그 속에서 원강아미는 아들 할락궁이를 낳았어. 그때부터 15년 동안 할락궁이는 장자 가족의 노예로 부려졌지. 참다못한 할락궁이는 결국 화가 폭발해 아버지를 찾아 나서기로 결심해.

할락궁이는 장자와 그의 가족들이 잠든 사이 서천꽃밭으로 향했어. 아침이 되자 할락궁이가 사라진 걸 알게 된 장자는 할락궁이가 어디로 도망쳤는지 알기 위해 원강아미를 고문했어. 아들을 지키려고 말을 하지 않고 버틴 원강아미는 결국 죽고 말아.

어느새 서천꽃밭에 도착한 할락궁이는 꽃감관이자 아버지인 사라도령에게 15년 동안 노예로 당한 일을 모두 털어놓았어. 모든 얘기를 들은 사랑도령은 악심꽃과 부활꽃을 들고 장자의 집에 찾아가서 장자와 가족들을 악심꽃으로 모두 죽이고 원강아미를 부활꽃으로 살렸어.

사라도령의 가족은 서천꽃밭에서 살다가 사라도령은 할락궁이에게 꽃감관의 지위를 물려주고 원강아미에게 서천꽃밭의 아이들을 관리하는 저승어미라는 직책을 선물로 주었단다.

99퍼센트가 모르는 한국 신화 이야기

서천꽃밭에는 이승을 멸망시키는 멸망꽃, 불이 붙는 불붙을 꽃, 뼈가 솟아나는 뼈오를 꽃, 살이 재생하는 살오를 꽃, 사람이 태어나는 생불꽃, 악한 마음이 생기게 하는 악심꽃, 오장육부를 치료해 주는 오장육부 간담 꽃, 울음이 멈추지 않는 울음울을 꽃, 웃음이 멈추지 않는 웃음웃을 꽃, 사람을 부활시키는 부활꽃이 있어.

055 차사본풀이

영화 <신과 함께>에 나온 강림에 대해 알고 있니? 영화에서 강림은 저승사자로 활동하고 있었는데 그의 인간 시절은 어땠을까?

어렸을 때부터 힘이 강하고 머리도 똑똑한 강림을 본 김치 원님은 강림을 자신의 부하로 삼고 여러 의뢰를 해결했어. 그러던 중 과양생 부인의 아들들이 열다섯 살에 죽은 이유를 알 수 없었는데 염라대왕을 직접 만나야 사건이 해결할 수 있겠다고 생각한 김치 원님은 강림을 저승으로 보냈어.

저승에 도착한 강림은 염라대왕과의 결투에서 이겨 염라대왕을 포박했어. 염라대왕은 며칠 후 너의 앞에 나타날 테니 기다리라고 하고 강림을 이승으로 보내줬어. 그리고 며칠 후 염라대왕이 강림과 김치 원님의 앞에 나타나 사건의 진실을 알려줬어.

동경국 버무왕의 아들 셋은 몸이 약해 열다섯 살이 되면 죽을 운명이었어. 아들들은 죽기 전에 부모님을 만나기 위해 마지막 여행을 하던 중이었지. 그 여행 중에 과양생의 집에 머물러 하룻밤 지내게 되었어. 그런데 아들들이 부모에게 선물하기 위해 마련한 비싼 명주와 비단에 과양생의 부인이 눈이 멀어 아들들을 죽였어. 시체는 연못에 버리고 명주와 비단을 가져왔지.

그리고 7일 후, 연못에는 세 송이의 꽃이 떠올랐어. 과양생의 부인이 꽃을 불태우자 예쁜 구슬 세 개로 변하는 게 아니겠어?! 과양생의 부인은 신비로운 구슬이라 생각해 구슬을 삼켰어. 그리고 얼마 후 아들 세 명을 임신하고 출산했지.

그런데 버무왕의 아들들이 열다섯 살이 되면 죽을 운명이었던 것처럼 과양생 부인의 아들들도 열다섯 살이 되자 죽은 거야.

염라대왕은 동경국 버무왕의 아들 세 명을 살리고 버무왕의 곁으로 보내준 뒤 살인을 저지른 과양생의 부인과 과양생을 죽였어. 그리고 강림의 영혼을 저승사자로 만들었단다.

차사본풀이의 주인공 강림도령은 바리공주 신화에서 바리공주를 만나고 저승본풀이에서 이승차사로 등장하는 등 저승사자의 대표 격으로 여러 한국 신화에서 등장하고 있어.

056 집을 지키는 성주신

영화 〈신과 함께〉에는 마동석이란 배우가 나오는데 그분이 연기한 역할이 바로 성주신이야! 영화에서 성주신은 살아있을 때 왕의 초상화를 그리는 화가로 나오지만, 성주신 신화에서는 살아있을 때 직업은 목수였어. 목수 시절 성주신의 이야기 한 번 들어보지 않을래?!

아주 옛날 천하궁의 천대목신과 지하궁 지탈부인 사이에서 황우양이 태어났어. 황우양은 도구를 잘 다뤄서 성인이 되자 부인과 결혼하고 목수로 살았어.

어느 날, 강한 바람이 불어 천하궁의 기둥이 부서졌는데 천하궁을 지키고 있던 성주신도 사라진 거야. 천하궁의 신들은 다음 목수로 황우양을 불러 천하궁의 기둥을 지키라고 명령했어. 부인은 황우양에게 천하

궁의 신들에게 받은 연장 도구를 쥐여주며 천하궁으로 가는 길에 모르는 사람과 대화하지 말라고 조언했어. 하지만 간사한 남자인 소진랑과 대화를 나누게 돼서 서로의 옷을 교환하고 천하궁으로 향했어. 소진랑은 황우양의 옷을 입고 남편이라고 속인 뒤에 부인을 자신의 집으로 납치했지.

천하궁에서 일을 하고 있던 황우양은 부인이 소진랑에게 납치되는 꿈을 꾸자 천하궁의 기둥을 고치고 집으로 돌아왔어. 하지만 집에 부인은 없었고 부인이 적은 혈서만 있었어. 혈서에 적힌 당신의 옷을 입은 남자에게 납치되었다는 내용을 보고 소진랑을 찾아갔어.

소진랑의 집 근처에서 부부는 재회해 소진랑을 혼쭐 내기 위해 황우양이 새로 변신하고 부인의 치마폭 안에 숨었어. 소진랑이 부인에게 접근하자 사람으로 변한 황우양이 소진랑을 때려눕히고 돌함에 가두었어. 집으로 돌아온 부인은 집의 터를 지키는 터주신이 되었고 황우양은 집을 지키는 성주신이 되었단다.

057 원천강본풀이

옛날 강가에서 예쁜 여자 갓난아기가 나타났어. 학들은 갓난아기를 깃털로 감싸 따뜻하게 해 주고 야광주를 입에 물려 아기가 말하고 걸을 때까지 키웠어. 덕분에 아기는 건강하게 성장했고, 시간이 지나 동네 사람들이 아이에게 오날이라는 이름을 지어주었지.

오날이는 소녀가 되자 자신을 낳아준 부모님이 누군지 궁금해졌어. 그래서 백씨 부인을 찾아가 부모님이 원천강에 있다는 말을 듣고 원천강으로 향했어.

오날이는 원천강으로 가던 도중 다양한 고민을 가진 이들을 만나기도 해. 서천강에서 글만 읽는 장상을 만나고, 윗가지에만 꽃을 피우는 연꽃, 그리고 야광주가 셋이나 있지만 용이 되지 못한 이무기, 별초당에서 글만 읽는 매일이까지 만나지. 오날이는 고민의 해결법을 원천강에서 돌아오는 길에 알려주겠다고 약속하며 드디어 원천강에 도착해 부모님을 만났어.

오날이는 부모님과 함께 있고 싶었지만 부모님은 옥황상제의 명으로 원천강을 지켜야 했기에 장상, 연꽃, 이무기, 매일이의 고민의 해답을 듣고 원천강을 떠났어. 오날이는 부모님의 해답대로 장상과 매일이를 결혼시키고, 이무기의 야광주 두 개를 가져가 용이 되게 하고, 연꽃의 윗가지를 떼어내 활짝 피게 해주었어. 그리고 가져온 야광주 한 개를 백씨 부인에게 주었더니 승천해 옥황상제의 신녀가 되었어.

오날이는 자신의 이야기를 목판에 적어 사람들에게 나눠주었고, 그렇게 원천강본풀이 이야기는 세상에 알려지게 되었지.

058 사만이본풀이

옛날 사만이라 불리던 남자가 있었어. 남자는 가난했지만 착해서 아내를 얻고 결혼했단다. 그런데 결혼하자 돈이 더욱 필요했고 아내는 자신의 머리카락을 팔아 돈을 마련했어.

어렵게 얻은 돈을 사만이한테 주면서 쌀을 사오라고 시켰는데, 총을 사면 먹을 것도 얻고 돈도 얻을 수 있다는 장사꾼의 말에 넘어가 쌀 대신 조총을 샀지 뭐야. 사만이는 조총으로 사냥을 해 돈을 벌 수 있을 거라 생각했지만, 야생 동물들은 이미 없어진 지 오래였어. 결국 매번 빈 손으로 집에 돌아오기만을 반복했지.

사만이는 여느 때와 다름없이 사냥하러 산에 갔어. 그런데 산에서 백 년 해골을 발견하게 되고, 집으로 가져와 조상처럼 모시고 제물을 바쳤어. 그리고 다음 날부터 사냥에 계속 성공하면서 큰돈을 벌게 되었지. 사만이가 서른세 살이 되었을 때 꿈을 꿨는데 백 년 해골이 백발의 노인으로 변해 사만이에게 말했어.

"너는 서른세 살까지만 살 수 있어서 세 명의 저승사자가 너를 잡으려고 올 것이다. 그러니 세 개의 띠와 세 개의 신발, 세 개의 관복을 준비하고 맛있는 음식을 많이 차려라. 그리고 세 명의 저승사자가 오면 굿을 크게 벌여라."

꿈에서 깨어난 사만이는 백 년 해골이 말한 대로 준비했어. 그리고 사만이의 생일날, 꿈의 예언대로 저승사자 세 명이 사만이를 불렀지. 세 명의 저승사자는 사만이가 준비해 둔 음식을 먹고 관복, 신발, 띠를 갈아 신고 끼운 다음에 사만이 앞에 나타났어. 사만이가 노인이 시킨 대로 굿을 하며 저승사자를 반기자 사만이를 잡는 걸 포기하고 저승 문서에 적힌 사만이의 정명(수명) 삼십삼三十三이란 글자 중 십十에 막대기 하나를 그어 삼천세三千三살로 고쳤어. 덕분에 사만이는 삼천 세 살까지 행복하게 살았다고 해.

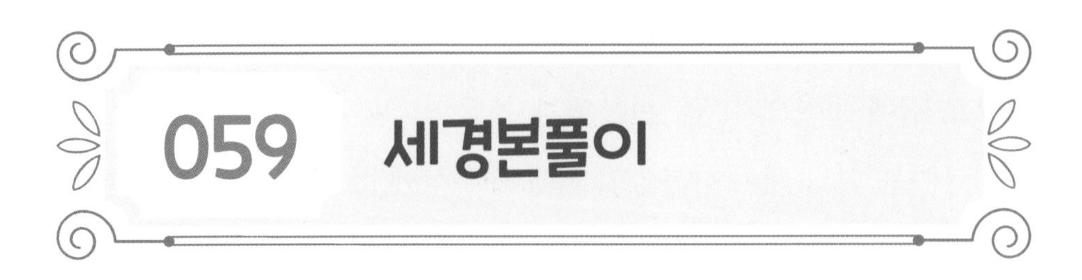

059 세경본풀이

남편을 되찾기 위해 서천꽃밭까지 간 여자의 이야기가 있어. 그 이야기의 주인공은 바로 자청비야. 자청비는 오랫동안 자식이 없던 부부가 하늘에 제물을 바쳐 얻은 귀한 딸이야. 자청비는 열다섯 살이 되었을 때, 하늘나라에서 지상으로 공부하러 내려온 문도령에게 한눈에 반해버렸어. 자청비는 남장을 하고 같이 공부를 해도 되냐며 문도령에게 접근했어. 문도령은 자청비의 여자 같은 모습에 의심이 들긴 했지만 결국 허

락했지. 그렇게 둘은 3년 동안 공부를 함께 했어.

3년이 지나자 옥황상제는 문도령에게 하늘나라로 돌아오라고 명령했어. 이를 알게 된 자청비는 문도령을 잃을까 겁이 났지. 결국 자청비는 자신의 정체를 밝히고 마음을 고백했지만, 둘은 눈물을 흘리며 헤어지게 되었어.

그러던 중 자청비 집의 사내종인 정수남이 자청비가 없을 때 집안의 말과 소를 열여덟 마리나 잡아먹은 거야. 정수남은 자청비가 돌아오자 자신의 죄가 들킬까 두려워 산에서 문도령을 봤다고 거짓말을 했어. 자청비를 산으로 유인해 죽이려고 했던 거지. 하지만 이를 눈치챈 자청비가 오히려 정수남을 낭떠러지에 밀쳐 죽였어. 그리고 집으로 돌아와 부모님께 자초지종을 설명했는데 부모님은 일 잘하는 종을 죽였다고 오히려 자청비를 쫓아내 버렸어.

자청비가 쫓겨난 걸 알게 된 문도령은 선녀를 보내 자청비가 하늘나라로 올라올 수 있게 도와줬어. 다시 만난 둘은 결혼하려 했지만 문도령의 부모님이 반대하며 자청비를 시험했어. 자청비는 당당히 시험에 통과해 결국 둘은 행복한 결혼을 할 수 있었어.

그런데 예쁜 자청비를 아내로 삼은 문도령을 시기 질투하던 선비들이 어느 날 문도령을 죽여버린 거야. 문도령이 죽자 자청비는 서천꽃밭으로 가서 부활꽃을 찾아 문도령과 정수남을 살려냈어. 그리고 문도령과 자청비는 농사의 신이 되어 세경에서 농사를 짓고, 정수남은 목축의 신이 되었다고 해.

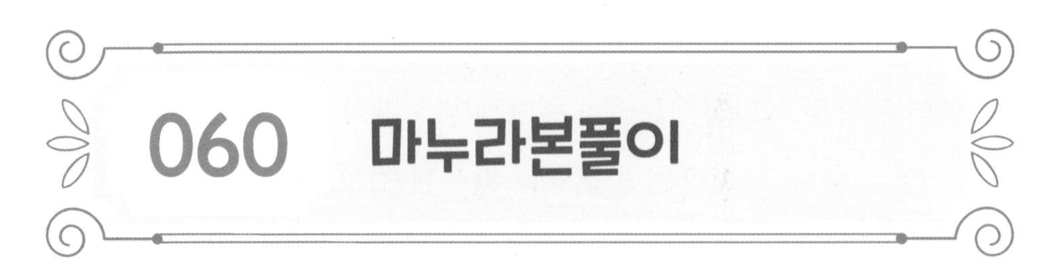

060 마누라본풀이

조선시대까지만 하더라도 천연두는 사람들에게 공포의 대상이었어. 당시에는 의료기술이 발전하기 전이라서 천연두를 마마신이라 부르며 굿을 하곤 했어. 이번에는 마마신과 대결한 삼승할망의 이야기를 들려줄게. 여기서 삼승할망은 우리가 들어볼 수 있는 삼신할매를 제주지역에서 부르는 말이야.

조선시대의 천연두는 살면서 한 번은 걸릴 만큼 유행이 심했어. 그래서 이왕 걸릴 거면 어린애들이 약하게 걸린 후에 면역이 생겨 커서도 안전할 거라 믿었어. 그래서 사람들은 천연두의 신 마마신을 대접하며 자신의 아기가 약하게 천연두에 걸리게 해달라고 빌곤 했어.

마을에는 임산부들이 아기를 안전하게 출산하도록 도와주는 삼승할매가 있었어. 어느 날, 삼승할매가 길을 지나가는데 마침 마마신이 가마를 타고 지나가는 거야. 삼승할망은 무릎을 꿇고 공손히 절을 하며 "제가 출산을 도와준 아기들이 안전하게 천연두에 걸리게 해 주십시오" 라고 부탁했어.

그런데 삼승할매의 부탁과는 달리 마마신은 아기들이 천연두에 걸려 죽기 직전까지 갈 만큼 힘들게 했어. 화가 머리끝까지 난 삼승할망은 마마신의 부인이 임신하게 만들고 출산해야 할 아홉 달을 넘겨 무려 열네 달 동안이나 출산을 못 하게 막았어. 마마신은 삼승할망을 위해 서천강 연다리를 만들고 부인을 제발 살려달라고 빌었어. 삼승할망은 서천강 연다리를 밟고 지나가면서 부인이 안전하게 출산하도록 도와주었단다.

061 삼승할망과 저승할망

어릴 적부터 말썽을 많이 부린 동해 용왕의 딸은 성인이 돼서도 말썽을 부렸지. 그래서 아버지인 동해 용왕은 딸을 죽이려고 했어. 하지만

부인은 딸이 죽는 걸 막기 위해 인간세상에 아기를 낳게 도와주는 삼승할망이 없으니 그걸 시키자며 설득해 인간세상으로 보냈어.

동해 용왕의 딸은 오랫동안 아기를 가지지 못해서 슬퍼하는 임박사의 앞에 나타났어. 삼승할망이 나타나니 임박사의 부인은 임신했지. 하지만 아기는 아홉 달이 지나면 태어나야 하는데 삼승할망이 된 동해 용왕의 딸이 출산하는 방법을 배우지 못해 부인은 열두 달이 지나도 출산하지 못하고 있었어.

임박사는 옥황상제에게 제발 부인과 아기를 살려달라고 빌었어. 옥황상제는 임박사가 불쌍해서 똑똑한 명진국 딸한테 동해 용왕의 딸 대신 삼승할망을 하라고 시켰지. 하지만 동해 용왕의 딸이 물러서지 않자 둘은 모래밭에 꽃을 심어 누구의 꽃이 더 빨리 피는지 시합했고 명진국 딸이 승리했어.

결국 명진국 딸이 임박사 부인의 출산을 도와 삼승할망이 되었고, 동해 용왕의 딸은 어릴 때 죽은 아기들의 귀신을 보살피는 저승할망이 되었어.

062 나주기민창본풀이

옛날 제주에서 장사를 잘한 안씨 선주는 제주도 최고 부자가 되었어. 당시 제주도에는 7년 동안 가뭄이 이어지고 있어 기근이 심했어. 안씨 선주는 자신이 가진 돈으로 육지에서 쌀을 사 오겠다고 나섰고 배에 전 재산을 넣고 육지로 출발했어.

안씨 선주는 나주에서 사는 기민창에게 돈을 주고 쌀 3년 치를 배에 싣고 제주도로 돌아가려는데 한 아가씨가 배에 올라타는 거야. 처음 보는 얼굴이라 아가씨를 찾았는데 아무리 찾아도 아가씨는 보이지 않았고 안씨 선주는 헛것을 봤나 생각하며 배를 출항시켰어.

배가 제주도의 수평선에 다다르자 갑자기 산 채만 한 파도가 배를 덮쳤어. 안씨 선주가 타고 있던 배는 아래에 큰 구멍이 뚫려 바다에 가라앉기 시작했어! 안씨 선주는 이러다간 배에 실었던 쌀과 배의 사람들 모두 죽을 수도 있다는 생각에 하늘에게 제발 저희를 살려달라고 빌었어. 그

러자 큰 뱀이 나타나 구멍 뚫린 부분을 막아주었고 배는 안전하게 제주도에 도착했지.

안씨 선주는 배의 구멍을 막아준 뱀이 조상님이라 생각해 집에 향불을 피우고 조상님을 맞이했어. 그리고 그날 밤 꿈에 뱀 신이 나타나 이렇게 말했어.

"나는 나주 기민창의 쌀을 지키던 신이며 쌀을 따라 이곳까지 왔으니 명절, 기제사, 그리고 1년에 한 번 나를 위해 철갈이 굿을 하여라. 그럼 어부, 해녀를 부자로 만들어 주겠다."

이후 안씨 선주와 어업을 하는 제주 사람들은 뱀 신을 조상님, 수호신으로 섬겼다고 해.

063 삼태성

밤하늘의 별을 본 적 있니? 별 중에는 동쪽에서 서쪽으로 가는 세 개의 별이 있는데 이 별들을 삼태성이라 부른단다. 그런데 왜 이 별들은 동쪽에서 서쪽으로 가는 걸까?

아주 오랜 옛날, 흑룡이 사는 물가에서 세쌍둥이가 태어났어. 아이들의 어머니는 아버지가 없는 아이들에게 학문을 위해 각자 스승을 찾아 10년 동안 살면서 세상을 배우라며 여행을 보냈어. 세쌍둥이는 열심히 공부를 했고 어머니가 자랑스러울 만한 사내로 성장했어. 그리고 늙은 어머니를 보살피기 위해 집으로 돌아왔단다.

어느 날, 해가 없어지고 세상은 어둠에 빠져버렸어! 어머니는 세쌍둥이에게 해를 되찾으라고 시켰지. 쌍둥이는 맏형의 스승을 찾아가 해의 행방을 물었어. 알고 보니 흑룡 두 마리가 서로 싸우면서 해를 삼키고 하늘 높이 도망가서 해가 사라졌다고 했어. 얘기를 듣자마자 세쌍둥이는 흑룡이 사는 곳이자 자신들이 태어난 물가로 향했어.

그리고 흑룡들과 싸웠는데 결과는 쌍둥이들의 승리였어. 흑룡이 해를 토해내자 세상에는 다시 빛이 돌아왔어. 해를 삼킨 흑룡을 죽였지만 한 마리는 물가에서 숨어 살았어. 세쌍둥이는 다른 흑룡들이 다시 해를 노리지 못하도록 스스로 하늘에 올라 해를 지키는 삼태자, 즉 하늘의 별이 되었단다.

064 개로 환생한 어머니

여기 살아생전 집 밖 구경을 한 번도 안 한 여자가 죽어 개로 환생한 신화가 있어. 바로 개로 환생한 어머니의 이야기야.

아주 오랜 옛날, 한 어머니가 살고 있었어. 어머니는 자식을 낳기 전부터 집안일을 바쁘게 하며 집 안에서만 지냈어. 그리고 결국 가족 뒷

바라지를 위해 집안에서만 지내다가 산책 한 번 해보지 못하고 돌아가시고 말았지.

저승은 한평생 가족만을 위해 일한 어머니를 안타까워했어. 그리고 어머니를 호기심 많은 개로 환생시켜 주었지. 개로 환생한 어머니는 아들의 애완동물이 되었어. 개의 본능 탓인지, 전생에 하지 못한 미련 때문인지 많이 뛰어놀며 행복하게 살았지.

그러던 어느 날, 제사상에 올릴 음식을 빼먹다가 아들한테 걸린 거야! 아들은 개의 정체가 어머니인 줄도 모르고 죽기 직전까지 때렸어. 그날 밤, 어머니는 아들의 꿈에 나타나 살아생전 바깥세상 구경 한 번 못 해 개로 환생했다고 말했어. 어머니의 정체를 안 아들은 눈물을 쏟으며 집의 전 재산인 밭을 팔아 개를 업고 전국을 돌아다녔어.

전국을 돌아다니고 더 이상 볼 것이 없자 개는 목숨을 잃고 말았어. 아들은 개가 죽은 자리에 무덤을 세웠는데 무덤의 자리가 명당이라 복을 많이 받으며 죽을 때까지 행복하게 살았다고 해.

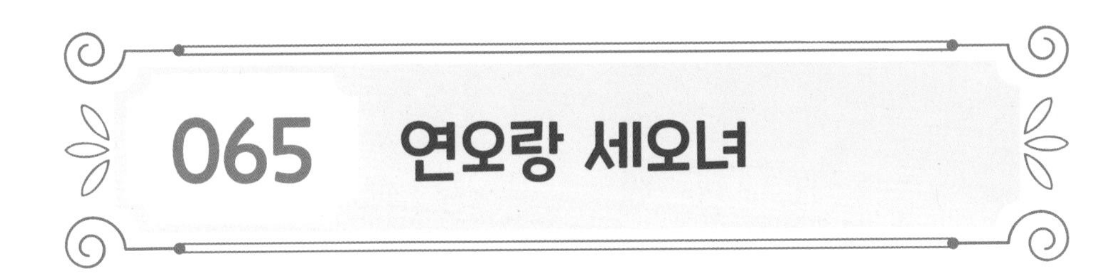

065 연오랑 세오녀

신라 시대, 연오와 세오라는 부부가 있었어. 이 부부는 부자는 아니었지만, 바닷가에서 물고기 잡는 일을 하며 살고 있었어.

어느 날, 연오가 바위에 앉아 일할 준비를 했는데 갑자기 앉아있던 바위가 바다에 떠내려가기 시작한 거야! 놀란 연오가 이러지도 저러지도 못하고 있다 보니 어느새 바위는 일본에 도착했어. 일본 사람들은 바위를 타고 바다에서 사람이 왔다며 연오를 일본의 왕으로 여겼어.

한편 세오는 일을 나간 남편이 늦게까지 돌아오지 않자 남편이 일하는 바닷가로 향했어. 그런데 남편은 없고 남편의 신발 한 짝만 바위 위에 있길래 신발을 손에 꼭 쥐었어. 그 순간 세오가 올라탄 바위도 연오처럼 바다에 떠밀려 가더니 일본으로 향했고 세오는 일본에서 왕비가 되었단다.

그런데 연오, 세오 부부가 사라지자 그때부터 신라에는 해와 달의 빛

이 사라졌고 어둠에 갇혀버렸지. 이를 기묘하게 여긴 신라의 왕은 일관에게 점을 쳐보라고 했고, 점을 치는 일관은 연오, 세오 부부가 일본으로 가 나라에 빛이 없어졌다고 말했어. 그리고 두 사람을 다시 신라로 돌아오게 만들어야 빛을 되찾을 수 있다고 했어.

왕의 명령으로 일관은 부부를 일본에서 데려오기 위해 일본으로 건너가 부부를 만났어. 하지만 연오는 일본으로 온 것은 하늘에 뜻이라 거역할 수 없고 대신 아내가 직접 짠 비단을 줄 테니 이 비단을 하늘에게 바치면 태양과 달의 빛이 돌아올 거라고 조언했어.

비단을 가지고 신라로 돌아온 일관은 그 즉시 제사를 지냈어. 그러자 정말로 예전처럼 나라에 빛이 돌아왔어. 신라는 비단을 국보만

담는 창고인 귀비고에 넣고 비단의 제사를 지낸 장소를 영일현이라 정했어.

99퍼센트가 모르는 한국 신화 이야기

> 연오랑 세오녀에 등장한 영일현은 1995년 1월 1일까지 존재했던 영일군이야. 신화 이야기가 현실에 얼마나 영향을 끼쳤는지 알려주는 증거인거지.

066 목도령과 대홍수

대홍수가 일어나 세상이 멸망하는 신화는 많이 있어. 그리고 우리나라에도 대홍수에 관련된 신화가 있는데 그중 목도령과 대홍수란 신화를 이야기해 줄게.

목도령은 천상의 선녀가 목신의 기운을 얻어 낳은 아이였어. 선녀는 목도령을 낳고 하늘로 올라가 버렸지. 그런데 갑자기 거센 비가 세상을 덮기 시작했어! 맞아. 세상에 대홍수가 찾아온 거야. 목신의 기운을 안고 태어난 목도령은 목신의 도움으로 살아남았어. 목도령은 물로 가득

찬 세상을 떠돌다가 모기떼와 개미떼, 그리고 소년 한 명을 구해주었지. 얼마 뒤 비가 점차 그치자 목도령 일행은 산 정상에 도착했는데 그곳에서 노파와 아름다운 노파의 딸과 여종을 만났어.

목도령과 소년은 노파의 딸에게 한눈에 빠져버렸어. 소년은 자신이 노파의 딸과 결혼하려고 노파에게 목도령에 대해 모함을 했어. 노파는 목도령을 시험하기 위해 모래밭에서 곡식을 찾아내라고 했어. 그러자 목도령이 구해준 개미 떼가 곡식을 순식간에 찾아내 목도령에게 바쳤고 손쉽게 시험을 통과할 수 있었지.

노파는 상자에 딸과 여종을 숨겨놓고 상자 안에 숨겨진 여자와 결혼하게 된다고 말했어. 목도령은 개미 떼의 도움으로 딸을 찾을 수 있었고, 딸과 결혼해 아기를 낳아 새로운 시대를 열었단다.

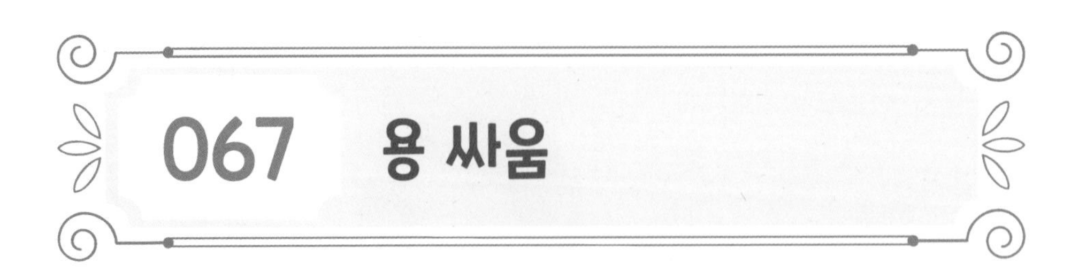

067 용 싸움

지금의 황해도 장영군 용영면 용정리에는 용龍자가 들어가 있어. 왜 '용' 자가 들어가게 된 걸까?

김 씨는 황해도 장영군 용영면 용정리에 태어나고 자랐어. 어릴 때부터 활을 잘 쏴서 활량으로 불렸지. 마을에는 큰 연못이 있었는데, 어느 날 꿈에서 연못이 용오름 치더니 황룡이 나타나 "내일 연못을 지키기 위해서 서해 청룡과 싸울 것이니 네가 청룡을 활로 쏴 죽여라"라고 명령했어.

다음 날 아침, 김 씨는 거대한 황룡과 청룡이 서로 싸우는 모습을 보고 겁이 나 활시위를 당기지도 못하고 포기했어. 다행히 황룡이 청룡을 쫓아는 냈지만 또다시 청룡이 올 것을 알고 있었기에 황룡은 같은 날 밤에 김 씨의 꿈속으로 들어가 내일은 청룡을 꼭 맞추라고 화를 내며 말했어.

해가 뜨자마자 청룡이 황룡을 기습했지만 숨어있던 김 씨가 청룡의 목을 노리고 정확하게 쏴 죽였어. 황룡은 연못을 지키게 해 줘서 고맙다며 마을의 못 쓰는 땅을 잘 가꾸면 연못의 물을 주겠다고 했고 마을 사람들이 모두 땅을 갈자 황룡이 연못의 물을 부어주었고 땅은 논이 되어 농사를 더 크게 지을 수 있었어.

이후 연못은 용이 살고 있다고 해서 용소로, 논은 용정벌로, 마을의 이름은 '용' 자가 들어가 황해도 장영군 용영면 용정리로 되었다고 해.

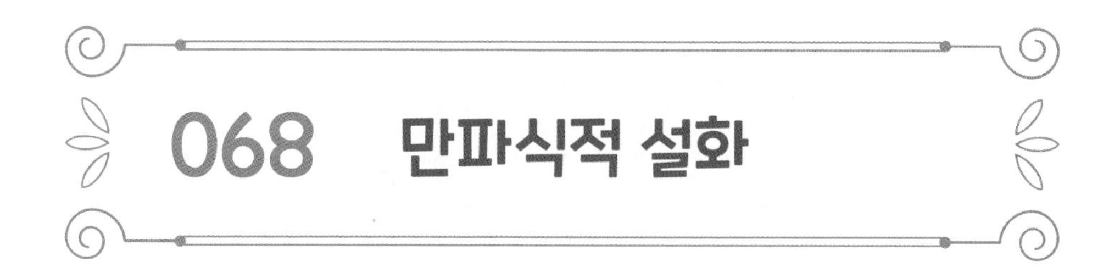

068 만파식적 설화

한 번 불면 나라의 모든 병이 낫고 비가 오고 가뭄이 없어지고 파도가 잠잠해진다는 피리가 있어. 그 피리의 이름은 바로 만파식적이야.

통일 신라 시대, 신문왕이 아버지 문무왕을 위해 감은사를 지었어. 그

런데 작은 산 하나가 감은사로 가고 있다는 소식을 듣게 된 거야. 신문왕은 일관에게 점을 쳐보라고 했고, 점괘는 바다의 용이 된 문무왕과 천신 김유신이 감은사의 답례로 신기한 보물을 주는 거라고 했어.

신문왕이 직접 감은사로 가서 산을 보니 산은 거북처럼 생겼고 산의 정상에는 대나무가 있었는데 낮에는 두 개로, 밤에는 하나로 합쳐졌지. 바로 산에 가보고 싶었지만, 9일 동안 바다와 바람이 거칠어 산에 다가가지 못했어. 날씨가 잠잠해지자 신문왕은 기다렸다는 듯이 배를 타고 산으로 들어갔어. 거기서 만나게 된 용이 산 정상에 있는 대나무로 피리를 만들면 백성이 편안해질 거라고 말했지.

대나무를 얻은 신문왕은 용의 말대로 피리를 만들어 불었어. 그러자 심각한 가뭄과 거친 파도에 고통받던 신라에 비가 내리고 파도가 잠잠해진 거야! 신문왕은 피리가 했단 걸 깨닫고 거센 물결을 잠잠하게 한다는 뜻으로 만파식적이라 이름 붙이고 이 피리를 이용해 백성들과 나라를 잘 이끌었다고 해.

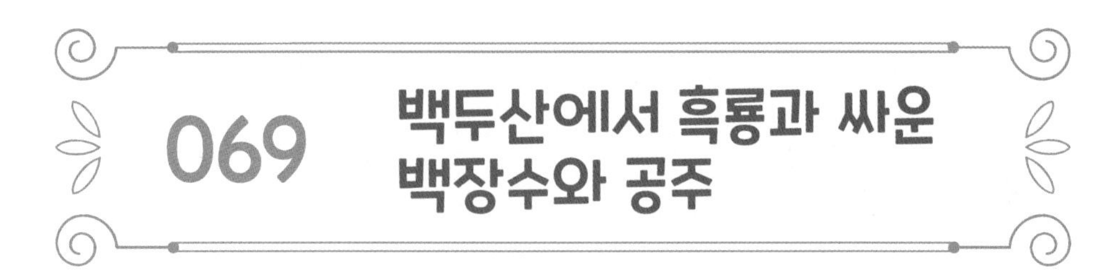

069 백두산에서 흑룡과 싸운 백장수와 공주

아주 오랜 옛날, 백두산에는 사람들이 마을을 만들어 살고 있었어. 그

런데 갑자기 사나운 흑룡이 나타난 거야. 흑룡은 유일한 물줄기를 막아 사람들이 물을 못 마시게 했어.

그런데 그때 백장수가 나타났고 흑룡과 싸웠지만 지고 말았어. 하지만 백장수는 포기하지 않고 계속해서 흑룡에게 도전했지. 그리고 매번 흑룡의 힘에 나가떨어졌어.

백장수가 체력이 없어져 쉬고 있었을 때 공주가 나타났어. 공주는 백장수와 비슷한 힘을 가지고 있어서 둘은 서로 힘을 합쳐 사나운 흑룡에게 도전했어. 백장수와 공주는 땅이 패일 정도로 싸운 끝에 흑룡을 도망치게 했어. 그리고 물이 없어 고통받던 마을 사람들을 위해 백두산 정상을 파서 지금의 천지를 만들었고, 판 흙은 십육기봉이 되었단다. 하지만 언제 또 흑룡이 천지를 노리고 올지 몰라서 백장수와 공주는 결혼하고 천지 속에 용궁을 만들어 지금까지 천지를 지키고 있다고 해.

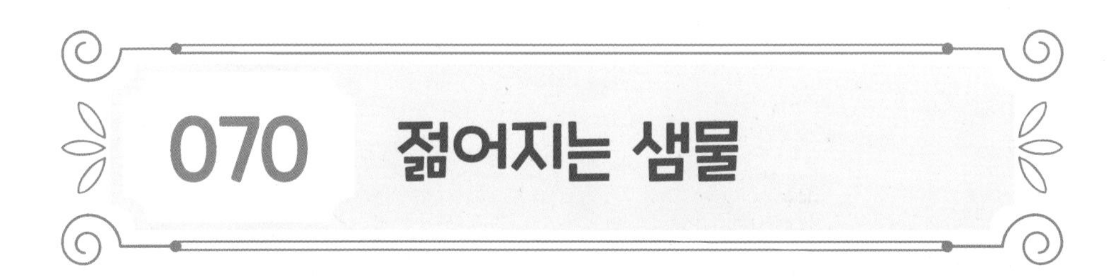

070 젊어지는 샘물

아주 오랜 옛날, 자식이 없는 늙은 부부가 살고 있었어. 여느 날처럼 산에서 내려오던 할아버지는 무거운 땔감을 내려놓고 잠시 쉬고 있었어. 그런데 할아버지 눈에 평소에 보이지 않던 깨끗한 샘물이 보인 거야. 마침 목이 말랐던 할아버지는 냉큼 샘물을 한 모금 마셨지. 그런데

샘물을 한 모금 마시자 얼굴의 주름이 없어졌고 두 번, 세 번 마시자 몸이 젊어진 거야. 샘물에 비친 자신의 모습을 본 할아버지는 기뻤어. 그리고 바로 집에서 자신을 기다리고 있는 할머니 생각이 났지. 할아버지는 할머니에게 줄 샘물을 챙겨 할머니가 있는 집으로 갔어.

집에 돌아오자마자 할아버지는 할머니도 샘물을 마시게 했어. 그러자 할머니 역시 젊어졌고 다시 신혼 시절의 젊은 모습으로 돌아간 할아버지와 할머니는 기뻐하며 행복해했어.

한편, 노부부의 옆집에 욕심 많은 할아버지가 살고 있었어. 그런데 옆집 노부부가 산속에 있던 샘물을 마시고 젊어졌다는 소문을 듣게 되었지. 욕심 많은 할아버지는 옆집 할아버지를 다그쳐 샘물의 위치를 알아내고 산속에서 샘물을 찾는 데 성공했어. 욕심 많은 할아버지는 자신은 더 젊어질 거라며 욕심을 부려 샘물을 엄청나게 마셔댔어. 그러자 너무 많이 마신 탓에 젊어진 게 아니라 갓난아기가 되어 버렸지!

욕심 많은 할아버지가 걱정되었던 젊어진 노부부가 샘물로 가보았어. 그런데 할아버지는 없고 갓난아기가 있는 거야. 자식이 없었던 노부부는 자신들을 안쓰럽게 생각한 하늘이 준 선물이라고 생각했어. 그리고 갓난아기로 변한 욕심 많은 할아버지를 겸손하고 씩씩한 아이로 잘 키웠단다.

071 개와 고양이의 구슬 다툼

너희들은 개와 고양이 중 어떤 동물을 좋아하니? 개? 고양이? 아니면 둘 다? 그런데 개와 고양이는 사이가 별로 좋지 않지?! 왜 그런 건지 알아보자.

옛날에 개와 고양이를 키우는 가난한 어부가 있었어. 여느 날과 다를 거 없이 물고기를 잡고 있었는데 때마침 운이 좋게도 거대한 잉어를 잡은 거야! 어부는 너무 좋아했지. 그런데 잉어가 눈물을 흘리는 게 아니겠어? 잉어의 눈물에 마음이 약해진 어부는 결국 잉어를 다시 놓아주었어.

다음 날 아침, 어부의 앞에 소년이 나타나 절을 하더니 이렇게 말했어.

"저는 어제 어부님께서 살려주신 잉어이자 용왕의 아들이 옵니다. 용왕님께서 보답으로 선물을 내리겠다고 하시니 저를 따라오시지요."

어부는 어리둥절했지만 용왕의 아들을 따라가 용궁에서 극진한 대접을 받았어. 그리고 구슬을 선물로 받아 지상으로 돌아갔어. 구슬을 얻은 어부는 구슬 덕분에 엄청난 부자가 되었지.

이 소식은 이웃 마을의 사악한 노파의 귀에도 들어가게 돼. 그리고 그 노파가 어부의 구슬을 훔쳐 갔어. 구슬을 잃은 어부는 슬픔에 잠겼지. 주인의 슬픈 모습을 본 개와 고양이는 구슬을 되찾기 위해 노파의 집으로 몰래 들어가. 그리고 구슬을 되찾는 데 성공했지.

개와 고양이가 되찾은 구슬을 가지고 돌아오는데 갑자기 큰 홍수가 나서 강에 물이 엄청나게 불어 난 거야. 불어난 강을 건너기 위해 고양이는 입에 구슬을 물었고 구슬을 문 고양이를 개가 업었어. 개는 개헤엄을 치면서 열심히 강을 건너고 있었어. 그러다가 고양이가 구슬을 잘 물고 있는지 궁금해진 개가 고양이에게 물었어.

"구슬을 잘 물고 있니?"

고양이는 구슬을 물고 있어서 말을 할 수가 없었지. 그런데 그 사실을 모른 개는 계속해서 물어봤어. 나중에는 화를 내면서 말이지. 결국 고양이는 참지 못하고 잘 물고 있다고 대답했고, 그와 동시에 구슬은 고양이의 입에서 떨어져 강 속으로 빠져버렸어.

강을 건넌 개는 강 속에 떨어진 구슬을 어찌 찾냐며 그대로 어부에게로 돌아갔어. 하지만 고양이는 끝내 구슬을 찾아 어부에게 돌려주었어. 어부는 구슬을 찾아준 고양이는 예뻐했고, 구슬을 찾지 않고 그냥 온 개는 실수만 했다며 구박하고 미워했지. 그 뒤로 개와 고양이는 서로 사이가 나빠진 거란다.

일본 신화

072 카구야 공주

일본에서 제일 높은 후지산은 아주 오래된 활화산이야. 그리고 이 후지산에도 신기한 이야기가 전해지고 있지.

후지산이 화산 활동을 하지 않던 시대에 한 할아버지가 대나무를 팔며 생계를 이어가고 있었어. 그러던 어느 날, 빛나는 대나무를 발견해서 갈라보니 엄지만 한 여자아이가 들어있었고, '빛이 나는' 이란 뜻을 가진 카구야로 이름을 지어주었지.

카구야는 시간이 흘러 여자도 반할 정도로 예쁜 미녀로 성장했어. 그 미모에 일본의 다섯 명문 집안의 도련님들이 그녀에게 청혼했지. 카구야는 도련님들에게 다섯 가지 신화적인 물건을 가져오면 청혼하겠다고 했지만 인간인 도련님들이 신화적인 물건을 가져올 수 없었고 청혼은 실패로 돌아가 버렸어.

이 이야기를 들은 천황은 재밌다며 카구야를 직접 만났는데 천황 또한 카구야의 미모에 반해 결혼해 달라고 부탁했어. 카구야는 잠시 생각하다 보름달이 뜨는 날에 다시 만나자고 약속하고 천황과 헤어졌어.

며칠 후 보름달이 유독 밝은 날. 카구야는 약속대로 천황과 만났는데 갑자기 달에서 빛이 나더니 선녀들과 가마가 내려왔어. 선녀들은 카구야에게 "카구야 공주님을 모시러 왔습니다" 라 말했어. 카구야 공주는 부모님에게 금은보화를 선물하고 천황에게는 선녀의 옷을 손에 쥐어 준 후에 가마를 타고 달로 돌아갔단다.

99퍼센트가 모르는 일본 신화 이야기

카구야 공주, 일본어로는 다케토리모노가타리는 현존하는 일본의 가장 오래된 이야기이지만 언제, 누가 썼는지 아무도 모른다고 해.

073 다케토미지마의 대장장이 신

일본 땅에 사람과 신들이 같이 살던 시대. 다케토미지마섬의 사람들은 자신들의 섬에 사는 대장장이 신 네바라가니도노 때문에 골치 아파했어. 틈만 나면 마을의 여자를 납치해 아내로 삼았고 섬의 음식도 많이 먹어 굶고 있는 사람들이 많아졌거든.

네바라가니도노는 먼 섬에서 쇳가루를 먹으며 자랐는데 청년이 되어 쇠로 노를 만들고 다케토미지마에 도착해 횡포를 부리고 있었지. 그리고 점점 영역을 넓혀 요나국까지 정복하려는 야망을 품은 신이었어. 마을의 남자들은 여자들을 되찾기 위해 네바라가니도노에게 맞서 싸웠지만 매번 졌지. 네바라가니도노의 강력함을 안 사람들이 포기할 때쯤 납치된 여자들이 잠을 자고 있던 네바라가니도노를 암살하는 데 성공했어!

네바라가니도노는 죽기 직전 크게 소리를 질렀는데 이 소리가 요나국에 퍼질 정도로 큰 소리였지. 네바라가니도노에 대한 공포심이 있었던 사람들은 이 소리가 네바라가니도노가 습격하는 걸로 착각해 천여 명이 바다에 뛰어들어 스스로 목숨을 끊었다고 해. 네바라가니도노가 죽고 나서 다시 다케토미지마섬은 다시 평화로워졌어.

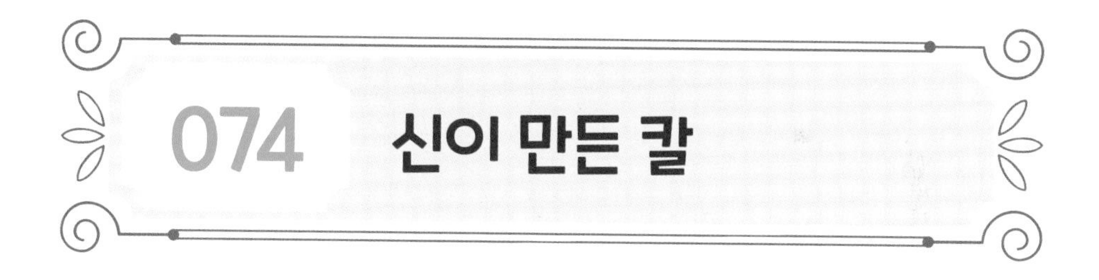

074 신이 만든 칼

칼은 옛날 일본 사람들에게 명예의 상징이었어. 특히 무사들은 칼에 여러 의미를 부여하며 아주 중요시했지. 그러다 보니 신이 칼을 만들었다는 이야기도 전해져 오게 되는데 그 칼의 주인공이 바로 코기츠네마루야.

일본 헤이안 시대, 산죠 무네치카란 대장장이는 큰 고민에 빠졌어. 천황이 검을 만들어 달라고 했거든. 하지만 천황에 어울릴만한 완벽한 검을 만들어야 한다는 생각에 한숨만 쉬며 쉬이 만들지를 못했어.

그러던 어느 날, 길을 걷고 있었는데 한 신사가 눈에 들어왔어. 그곳은 일본을 수호하는 이나리 신의 신사였는데 여우 한 마리가 신사로 들어가자 산죠 무네치카는 홀린 듯이 여우를 따라 신사로 들어갔어. 이나리 신사에 들어온 산죠 무네치카는 자신의 고민을 이나리 신에게 털어놓았는데 이나리 신이 "그러면 나와 나의 여우가 너를 도와주마"라고 답했어. 이윽고 아까 신사로 들어갔던 여우가 산죠 무네치카의 앞에 있었는데 여우에게 손을 댔지만 여우의 몸을 만질 수 없었어. 산죠 무네치카는 여우가 실체 하는 게 아니라 이나리 신의 심부름꾼이란 걸 알았지. 산죠 무네치카는 대장간으로 돌아가 이나리 신과 여우와 함께 천황의 검 코기츠네마루를 만들었고 이 검을 천황에게 선물해 줬다고 해.

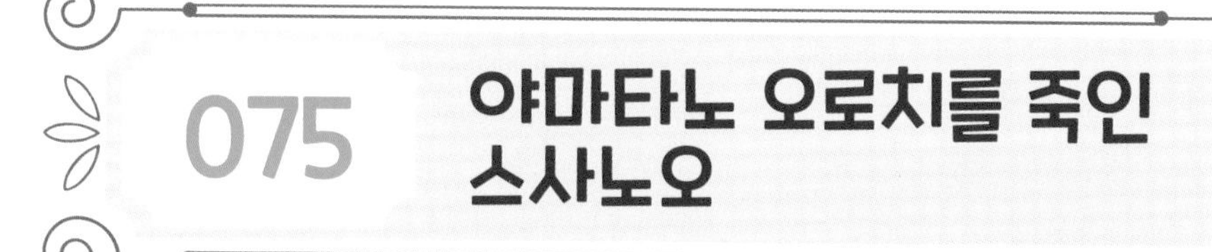

075 야마타노 오로치를 죽인 스사노오

야마타노 오로치를 들어본 적 있니? 만화나 애니메이션에서 종종 악역으로 등장해서 들어본 친구들도 있을 거야.

스사노오는 인간을 만든 신 이자나기와 이자나미의 아들이며 태양의 여신 아마테라스의 남동생이야. 하지만 여러 문제를 일으켜 신들이 사는 나라 다카마가하라에서 일본의 이즈모노쿠니로 쫓겨났어.

스사노오가 이즈모노쿠니의 히노카와 강가에 있을 때였어. 강물을 따라 젓가락이 떠내려오는 거야. 이상하게 생각한 스사노오는 물길을 따라 상류로 걸어 올라갔는데 울고 있는 노부부와 젊은 딸을 발견해. 스사노오는 왜 이렇게 울고 있냐고 물었고 야마타노 오로치란 여덟 개의 머리와 꼬리를 가진 큰 뱀이 해마다 딸을 잡아먹은 탓에 딸이 여덟이나 있었지만 막내딸 구시나다히메만 남았으며 이제 막내딸도 곧 있으면 오로치에게 잡아먹힐 거라며 울었어. 사연을 들은 스사노오는 오로치를 죽이기 위해 노부부에게 향기로운 술을 부탁했어. 그리고 여덟 개의 울타리를 만들고 울타리마다 술을 놓아 오로치가 마시기를 기다렸지.

며칠 후, 이즈모노쿠니에 나타난 오로치는 막내딸을 잡아먹으려고 했는데 향기로운 술 냄새를 맡고 술을 마셨어. 비운 술잔이 늘어날 때마다 오로치의 목이 울타리에 꽉 끼었고 이 순간을 놓치지 않은 스사노오는 칼로 오로치의 목을 모두 베고 꼬리까지 베려고 했는데 가운데 꼬리가 칼에 베이지 않았어. 칼로 꼬리를 가르자 구사나기노쓰루기란 칼이 나왔고 이 칼을 아마테라스에게 바쳤어. 가운데 꼬리를 자르자 오로치는 죽었고 스사노오는 이즈모노쿠니에서 궁궐을 짓고 궁궐에서 구시나다히메와 행복하게 살았다고 해.

99퍼센트가 모르는 일본 신화 이야기

구사나기노쓰루기를 한국어로 번역하면 쿠사나기의 검이란 뜻인데 이 검은 초지검, 천총운검이라고도 불리며 천황가의 삼종신기로 지정되어 아쓰타 신궁에 보관되었어.

076 인간에서 요괴의 왕이 된 슈텐도지

슈텐도지는 스사노오에게 퇴치된 야마타노 오로치의 아들이란 설과 스스로 요괴가 되었다는 설 등 다양한 이야기가 있지만 이번에는 저주에 대한 이야기를 말해줄게.

헤이안 시대. 고아로 자라 거지 생활을 하다가 배고파서 쓰러진 슈텐도지를 스님이 발견했어. 스님은 슈텐도지를 절에서 살게 하면서 일을 하면 밥을 먹을 수 있도록 해주었지. 물론 스님들을 따라 불교 공부도 하면서 말이야.

몇 년이 지난 후, 열세 살이 된 슈텐도지는 남자도 반할 정도의 미남으로 성장했어. 그러던 어느 날, 스님의 심부름에 마을로 내려갔는데 한 여성이 슈텐도지의 미모에 반해 고백했어. 당황한 슈텐도지는 도망치듯이 절로 돌아갔는데 슈텐도지의 미모는 이미 마을 곳곳에 퍼졌지.

마을에 위치한 절은 슈텐도지가 살던 절 하나밖에 없었기에 많은 여성이 절로 편지를 보내며 슈텐도지에게 고백했어. 하지만 슈텐도지는 이미 스님의 길을 걷기로 결심했기에 모두 답장을 하지 않았지. 그런데 자신들의 마음이 거절당한 걸 안 여성들이 모두 상사병으로 죽기 시작한 거야! 마을의 여성들이 연속해서 죽은 소문은 절에까지 들리기 시작했고, 슈텐도지는 이 사건이 자신에게 고백한 여성들의 편지에 답장을 안 해서 생긴 사건인 걸 깨달았어.

슈텐도지는 여성들을 추모하기 위해 편지를 쌓아두고 불을 붙였는데 상사병으로 죽은 모든 여성의 영혼이 악령으로 변해 한꺼번에 슈텐도지를 덮쳤어! 슈텐도지는 악령들에게 벗어나지 못하고 모습이 변해버렸지. 슈텐도지는 물에 비친 자기 모습에 절망했고 사람들을 피하며 도망다니다가 완전히 요괴로 변해버렸어. 결국 슈텐도지는 모든 걸 포기하고 오에산에 정착해 많은 요괴와 귀신들을 다스리며 여성들을 납치하고 아내로 삼는 요괴의 왕이 되어버렸단다.

077 일촌 법사

옛날 일본에서 살았던 한 노부부는 오랫동안 자식이 없었어. 그래서 천신에게 기도를 드렸더니 엄지손가락 크기의 아기를 가지게 되었어. 노부부는 아기가 너무 작아 놀랐지만 언젠가 클 거라 기대하고 일촌법사란 이름을 지어주고 돌보았어. 하지만 아무리 열심히 밥을 먹여도 성인이 될 때까지 키는 그대로였지.

성인이 되자 일촌법사는 노부부에게 혼자 살겠다고 말하고 검 대신 바늘을, 배 대신 나뭇잎을, 노 대신 나무젓가락을 가지고 당시 일본의 수도인 교토로 갔어. 교토에서 부유한 귀족의 집으로 가 신세를 지며 살고 있던 어느 날. 귀족의 따님과 함께 신사에 가게 되었는데 갑자기 요괴가 나타난 거야! 요괴가 작은 일촌법사를 발견하지 못하고 방망이로 따님을 공격하려했지만 일촌법사는 가지고 있던 바늘로 요괴를 여러 번 찌르며 해치웠어. 일촌법사는 빼앗은 요괴 방망이로 자기 몸을 성인 남성의 크기로 키우고 귀족의 집으로 돌아와 따님과 결혼하고 행복하게 잘 살았다고 해.

078 우라시마 타로

어느 날, 가족과 친구들이 다 사라지고 너 혼자만 남게 된다면 어떨 거 같아? 아마 상상도 하기 싫을 거야. 그런데 이런 일을 겪은 남자의 이야기가 동화로 전해지고 있어.

어머니를 모시며 물고기를 잡아 돈을 벌던 청년 우라시마 타로는 어느 날 아이들이 괴롭히고 있던 거북이를 구해주고 바다로 돌려보냈어.

다음 날, 바다로 배를 타고 나갔던 우라시마 타로 앞에 거대한 거북이가 나타나 "어제 우라시마 타로님께서 구해주신 거북이가 용왕의 공주님이시니 감사의 의미로 용궁에서 대접하고 싶습니다. 어서 제 등에 타시지요"라고 말했어. 우라시마 타로는 거북이 등을 타고 용궁으로 향했지.

용궁에 도착하자 용왕과 공주님이 우라시마 타로를 반겼어. 우라시마

타로는 공주님 미모에 한눈에 반했고 공주님도 자신을 구해준 우라시마 타로에게 반했어. 우라시마 타로는 맛있는 음식도 먹고 공주님과 사랑을 나누며 며칠을 보냈어. 그러던 중 우라시마 타로는 집에 계신 어머니가 걱정되어서 지상으로 돌아가고 싶어 했지. 공주님은 우라시마 타로와 같이 있고 싶었지만 상자 하나를 주며 죽을 때까지 열지 말라고 하고 지상으로 보내줬어.

지상에 도착한 우라시마 타로는 달라진 사람들의 복장과 풍경을 보자 당황하며 지나가는 사람에게 지금이 언제냐고 물었는데 용궁에서 며칠을 보낼 동안 지상에서는 300년이란 시간이 흐른 거야! 300년이란 시간은 우라시마 타로의 어머니와 친구들, 집까지 모두 사라지게 만들기 충분한 시간이었지. 우라시마 타로가 허탈한 마음으로 상자를 열지 말라고 했던 공주의 말을 잊고 상자를 열어버렸어. 그러자 우라시마 타로의 몸은 갑자기 급속하게 늙어갔고 결국 상자를 연 그 자리에서 죽고 말았어.

079 물고기 부인

아주 오랜 옛날, 일본 가리마다라고 하는 섬에 한 어부가 살고 있었어. 그날도 여느 날과 다를 거 없이 어부 일을 하는데 은빛의 예쁜 물고기가 잡힌 거야. 물고기가 너무 예뻤던 어부는 물고기를 잡아먹지 않고

집 안에서 오랫동안 키웠어.

그러던 어느 날, 어부가 잠이 들자 은빛의 물고기가 은빛의 머리카락을 가진 아름다운 여자로 변하는 거야! 깨어난 어부는 여자에게 한눈에 반했고 여자는 자신을 안 잡아먹고 키워준 은혜로 결혼하자고 부탁했어. 결국 둘은 결혼했고 아이도 기르며 행복하게 살았지.

하지만 부부의 행복은 부부 싸움으로 끝을 맺게 되는데, 싸움하던 어부는 부인에게 화를 내며 너는 원래 물고기이고 인간이 아니라서 그렇다며 저주했고 부인은 그 충격에 바다로 돌아가려 해변으로 걸어갔어. 부인은 뒤에 있는 남편에게 정말로 가도 되냐고 물었고. 어부는 그렇다고 답했어. 부인이 바닷물이 목까지 오는 곳까지 들어갔고 다시 한번 똑같이 물었어. 하지만 끝내 어부는 가라고 답했지. 남편의 매정한 대답에 여자는 은빛의 물고기 모습으로 변해 바다로 돌아가 버렸어.

080 하루에 1500명이 태어나고 1000명이 죽다

일본 신화에서 인간을 만든 신들은 남신 이자나기와 여신 이자나미 부부야. 그런데 부부 싸움이 심해져 인간들을 만들었다고 말하면 믿어지니? 지금부터 부부의 험난한 결혼 생활을 이야기해 줄게.

이자나기와 이자나미는 신들이 사는 다카마가하라에서 일본 땅으로

내려와 여러 신을 낳으며 인간들을 만들 준비를 하고 있었는데 이자나미가 불의 신을 낳고 화염에 휩싸여 죽어버린 거야! 이자나미의 영혼은 저승으로 끌려갔고 이자나기는 아내를 잃었다는 슬픔에 저승으로 가 이자나미를 만났어.

"이자나미여 인간 세상으로 돌아와 줄 수는 없소?"

이자나기가 묻자 이자나미는 답했어.

"저는 이미 저승의 음식을 먹어서 저승을 벗어날 수가 없지만 저승의 신이라면 저를 인간세상으로 돌아가게 해 줄 수는 있겠네요. 하지만 절대로 제 모습을 보지 말아 주세요."

이자나미는 신신당부하며 이자나기와 같이 깜깜한 저승의 신의 궁전에 도착했어. 그리고 이자나미는 저승의 신을 만나러 혼자 궁전을 들어

갔는데 아무리 기다려도 이자나미가 돌아오지 않는 거야. 이자나기는 조금이라면 괜찮겠다고 생각해 가지고 있는 빗에 불을 붙여 주위를 환하게 만들었는데 이자나기의 앞에는 시체 같은 몸을 가진 이자나미가 있었고 이자나기는 자신의 아내가 흉측하게 변해버렸다는 것을 알지 못하고 도망쳤어.

하지만 이자나미는 자신의 몸을 이자나기가 보았다는 걸 눈치채고 벌레들로 이자나기를 쫓게 했어. 이자나기는 무기로 벌레들을 베며 인간 세상으로 달아났고 이자나미는 인간 세상으로 갈 수 없기에 저승에서 소리쳤어.

"당신이 저의 모습을 봤으니 저는 매일 1000명을 죽이겠어요!"

이자나기는 이자나미의 저주에 이렇게 답했어.

"당신이 매일 1000명을 죽인다면 나는 매일 1500개의 산실을 만들겠소."

이렇게 해서 인간 세상에는 매일 1000명이 죽고 1500명이 태어났다고 해.

081 긴타로의 인생

일본에는 긴타로라고 하는 아이의 이야기가 아주 유명해. 긴타로는

태어나기 전부터 아버지가 돌아가시고 안 계셨어. 그래서 어머니 혼자 고향에서 긴타로를 키웠지. 어머니의 사랑 덕에 건강하게 성장한 긴타로는 어느 날, 마을 사람들과 함께 숲을 걷고 있었어. 그런데 숲속에서 무시무시한 곰을 마주하게 된 거야! 놀란 마을 사람들은 도망쳤지만 긴타로는 도망치지 않고 자리를 지켰어. 그리고 곰과 힘 대결을 했지! 긴타로의 힘은 상상을 초월할 정도로 강했고, 결국 곰을 쓰러뜨려 버렸어. 이 광경을 본 마을 사람들은 긴타로의 영웅담을 소문냈지.

어느덧 스무 살의 긴타로는 여행을 시작했는데 그 여행길에서 미나모토노 요리미쓰와 만나 대화를 하는 계기가 되었어. 미나모토노 요리미쓰는 곰을 때려잡은 어린아이 소문의 본인을 만나자 긴타로와 간단한 대결을 했고 긴타로의 힘이 사실이자 자신의 부하로 삼았어. 긴타로는 미나모토노 요리미쓰를 따르는 다른 세 명과 함께 요리미쓰 사천왕이라 불리며 여러 요괴와 귀신들을 퇴치하며 지냈어.

하지만 몇 년이 지나도 사람들은 요괴와 귀신들에게 고통스러운 삶을 보내야 했고 결국 오에산에 산다는 요괴의 왕 슈텐도지를 죽이려 준비했어. 슈텐도지는 긴타로가 생각한 것 이상으로 까다로웠지만 미나모토노 요리미쓰와 사천왕들과 함께 속임수를 써서 결국 죽이는 데 성공하고 이후 고향으로 돌아가 어머니를 보살피며 살았다고 해.

99퍼센트가 모르는 일본 신화 이야기

본문에 나온 속임수는 바로 술인데 요괴의 왕 슈텐도지는 여성을 납치해서 아내로 삼는 것만큼 술도 좋아했어. 그런데 술을 곯아떨어질 정도로 마셔서 미나모토노 요리미쓰와 사천왕에게 최후를 맞이했어.

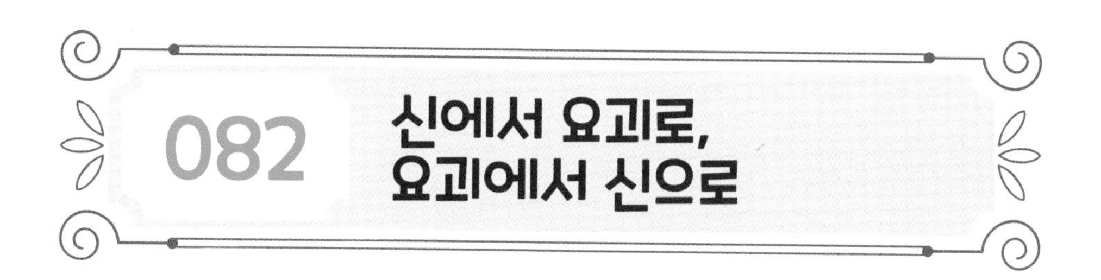

082 신에서 요괴로, 요괴에서 신으로

한쪽 눈의 요괴라는 뜻의 일목련이라 불리게 된 신이 있어. 신에서 요괴로, 요괴에서 신으로 섬겨지게 된 일목련의 이야기, 한번 들어볼래?!

아주 오래전, 일목련을 모시는 사당이 있었어. 일목련은 어부와 바다를 나가는 사람들에게 폭풍의 신으로 모셔졌어. 일목련의 사당은 다른 사당보다 아주 깨끗했는데 일목련이 사당 밖으로 나가면 그 일대의 바다는 파도와 천둥이 쳐 뱃사람들이 일을 못 했거든. 그래서 일목련이 영원히 사당 안에만 있도록 값비싼 음식을 주었어. 그런데 이런 취급은 불쌍하다고 생각한 사람들이 사당의 문 대신 발을 설치해서 언제나 바깥 세상을 볼 수 있도록 해줬어.

영원히 살 수 있는 신인 일목련과는 다르게 사람들은 나이가 들어 죽거나 마을을 떠나게 되었고, 일목련의 사당도 결국 관리가 되지 않아 허물어져 갔어. 일목련은 다시 자신을 모셔줄 사람들을 찾기 위해 사당 밖으로 나갔지. 그런데 일목련이 나가자마자 사당 주변의 바다에서 큰 파도가 쳤어! 아직까지 마을에 남아있던 사람들은 이 광경을 보고 지금까지 모셨던 신이 사실은 요괴였다고 믿게 되었고, 결국 그 소문이 퍼지게 되었지.

한편 일목련은 한쪽 눈으로만 세상을 보면서 바다 위에서 날고 있었는데 일목련이 지나가는 자리에는 꼭 파도와 천둥이 쳤고 뱃일을 하던 사람들은 눈 하나의 요괴가 파도와 천둥을 만들어 낸다고 생각해 일목련이라 이름을 정했어. 하지만 시간이 지나고 한 사람이 일목련의 사당을 다시 짓고 요괴가 된 일목련을 모셔보니 일목련은 사실 파도와 천둥을 다스리는 바다의 용신이었다는 사실을 알게 되었지.

083 이시가키섬 홍수 신화

홍수 신화는 신이 타락한 세상을 물로 멸망시키는 이야기야. 그런데 이시가키섬의 홍수 신화는 물이 아니라 불로 세상을 멸망시켜 버렸어. 어떤 이야기일까?!

사람들의 악행이 극에 달하고 신을 무시하던 혼돈의 시대가 있었어. 신은 결국 자신이 만든 세상과 인간에 환멸이 났지. 그래서 홍수로 세상을 멸망시킬 생각을 하다가 물이 아닌 불로 확실하게 멸망시키기로 했어.

한편 신을 무시하고 욕하는 집안에서 태어난 남매는 부모님과 다르게 신을 믿으며 매일 제사를 지냈어. 그러자 어느 날 하늘에서 목소리가 들렸지.

"너희가 사는 이시가키섬의 제일 높은 오모토산의 정상으로 가거라!"

남매가 처음 듣는 목소리임에도 불구하고 신의 음성임을 의심하지 않았어. 그 길로 바로 남매는 오모토산의 정상으로 향하자 오모토산이 반으로 갈라지더니 남매를 꿀꺽 삼켜버렸어! 남매가 산의 중심에 갇히자 신은 기름비와 여러 자연재해를 7일 동안 일으키며 세상을 멸망시킬 준비를 했어. 남매를 제외한 모든 생물이 혼란에 빠지자 하늘 한쪽이 갈라지고 불이 세상을 덮쳤어. 세상은 순식간에 불바다로 변해 멸망했고 신은 멸망한 세상에 홍수를 일으켜 불을 잠재우고 오모토산에서 남매를 꺼내주었어. 멸망한 세상에서 남매는 서로 사랑했고 사람들은 멸망하기 전보다 빠르게 늘어나 새로운 세상을 만들었단다.

084 모모타로

우리나라에는 알에서 태어난 아이가 왕이 된 신화, 박혁거세에 대해 알고 있을 거야. 그런데 일본에는 복숭아에서 아기가 태어나 요괴의 왕

을 잡는 소년의 이야기가 있어. 바로 모모타로의 이야기야.

아주 오랜 옛날, 한 할머니가 강에서 빨래를 하고 있었는데 할머니 앞에 몸통만 한 복숭아가 떠내려왔어. 할머니는 탐스러운 복숭아를 들고 집으로 돌아와 땔감을 가져온 할아버지에게 같이 먹자고 했어. 할아버지는 복숭아를 자르기 위해 톱을 들고 왔는데 복숭아가 두 쪽으로 갈라지더니 안에서 남자아이가 튀어나온 거야! 노부부는 처음에는 놀랐지만 자식 없는 우리에게 하늘이 선물을 줬다고 생각하고 남자아이의 이름을 복숭아란 뜻의 모모와 남자아이라는 뜻인 타로를 합쳐 모모타로라고 지어줬어.

모모타로는 어릴 때부터 힘이 무척 강했는데, 청소년이 되자 노부부에게 오니들이 산다는 섬 오니가시마에 간다고 말했어. 할머니는 도시락으로 수수경단을 많이 만들어 주고 할아버지와 함께 여행길에 오른 모모타로를 배웅해 주었어.

모모타로는 산에서 살던 개와 숲속에서 나무를 타고 있던 원숭이, 들판에서 울고 있던 꿩에게 수수경단 하나씩을 주고 동료로 삼아 함께 배를 타고 오니가시마로 향했어. 오니가시마에 도착한 모모타로와 동물들은 오니들을 무찌르며 오니왕에게 향했어. 동물들이 오니왕의 부하들을 상대하고 있을 때 모모타로와 오니왕이 전투를 벌였어.

치열한 전투 끝에 승리한 모모타로는 칼로 오니왕을 죽이려고 했는데 오니왕이 자신의 모든 보물을 드릴 테니 제발 살려달라고 빌었어. 모모타로는 오니왕의 보물들을 배에 모두 싣고 고향으로 돌아와 노부부를 부자로 만들어 주고 효도하며 행복하게 살았단다.

99퍼센트가 모르는 일본 신화 이야기

모모타로 신화는 일본 사람들에게 전래 동화와 같은 친숙함으로 동요까지 만들어졌어. 모모타로의 배경이 오카야마라는 지역이라서 오카야마역 앞에는 모모타로 동상도 있단다.

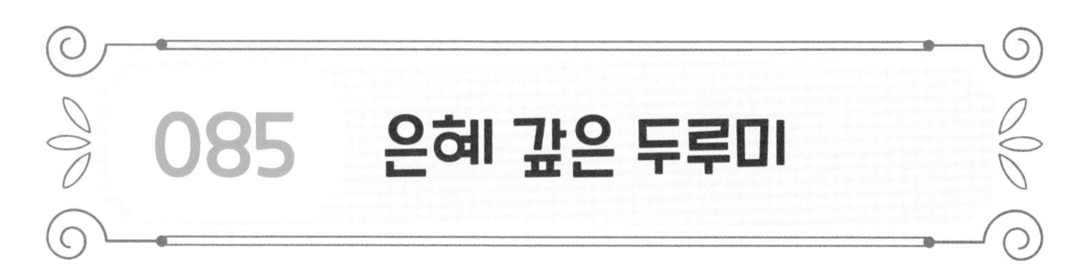

085 은혜 갚은 두루미

우리나라의 전래동화인 은혜 갚은 까치와 비슷한 제목을 가진 일본의 전래동화가 있어. 바로 은혜 갚은 두루미야.

눈이 내리던 겨울에 할아버지는 땔감을 가지고 할머니가 기다리고 있는 집으로 돌아가고 있었어. 그러던 중 사냥꾼의 덫에 걸린 두루미를 발견하고 풀어 줬지. 그리고 시간이 흘러 유독 눈과 바람이 심한 어느 날 밤, 노부부의 집에 여인이 문을 두드렸어.

"친척 집으로 가려 했으나 날씨가 험해 하룻밤만 재워주시면 안 되겠습니까?"

날씨가 워낙 험했던 날이라 여인의 부탁을 노부부는 거절할 수 없었고, 여인을 노부부의 집에서 맛있는 밥과 따뜻한 잠자리를 대접받았어. 그런데 아무리 날이 지나도 날씨가 잠잠해질 기미가 보이지 않았어. 결국 여인은 노부부에게 절하고 이렇게 말했지.

"사실 친척들의 얼굴을 한 번도 본 적이 없습니다. 친척들을 부모처럼 섬기느니 차라리 할머님과 할아버님을 부모처럼 섬기며 살고 싶습니다."

여인의 간청에 노부부는 기뻐하며 딸처럼 여겼어. 여인은 돈을 벌기 위해 3일 동안 방 밖으로 나가지 않고 베를 짰어. 여인의 베는 사람들에게 인기가 많아서 노부부는 금방 부자가 되었어. 노부부는 좋았지만 여인이 걱정되기도 했어. 여인이 베를 짜러 방 안에 들어가면 3일 동안 금식을 하며 베를 짰기 때문이야. 그 탓에 여인은 눈에 띄도록 야위었고, 지켜보던 노부부는 참지 못하고 밥을 주기 위해 베를 짜는 여인의 방문을 열었어.

그런데 방에는 여인의 모습이 아닌 두루미가 있었고 자신의 정체를 들키게 된 여인은 노부부의 앞에서 두루미의 모습으로 사연을 얘기했어.

"저는 추운 겨울날 할아버님이 덫에서 구해준 두루미입니다. 그래서 은혜를 갚고자 저의 깃털로 베를 짰지만 제 본모습을 들켰으니 저는 이제 이곳에 있을 수 없습니다."

두루미는 말을 마치고 노부부를 떠나 하늘로 훨훨 날아갔고 노부부는 더 이상 여인을 보지 못했어.

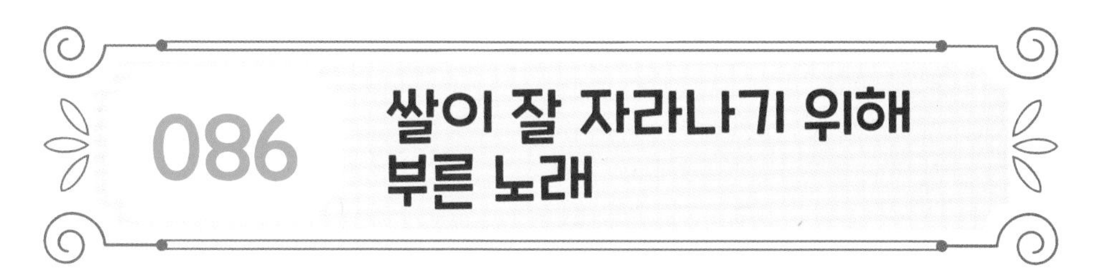

086 쌀이 잘 자라나기 위해 부른 노래

일본을 돌아다니던 한 청년이 아마미오시마의 섬에 있는 작은 마을 아키나에 다다랐어. 청년은 마을의 평화로운 분위기에 반해 아키나에서 쉬어 가려했지. 그러던 중 청년의 눈에 지붕이 다 무너진 집 한 채가 보였어. 청년은 저 집은 왜 허물지 않고 놔두냐고 물었지. 그러자 아키나 사람은 씩 웃더니 내일 축제가 열리니 보다 가라고 말했어.

다음 날 아침, 아키나는 아침부터 축제 준비로 떠들썩했고 신처럼 말끔하게 차려입은 남자 두 명과 건강한 어린이부터 노인들이 다 무너진 집의 지붕 위에 올라갔고 남자 두 명이 넓은 논을 바라보며 벼 정령을 위한 노래를 불렀어. 이윽고 지붕 위의 사람들이 모두 남자들을 따라 노래를 불렀지. 노래가 끝나고 사람들이 모두 지붕에서 내려와 허물어진 집을 부수고 볏짚으로 만든 지붕을 밟았어.

해가 지자 아키나의 사람들 모두 해변으로 모였어. 무녀들은 가미하라세라 불리는 해변의 바위 위에 섰고, 마을 사람들은 메라비히라세라 불리는 바위 위에 서서 마주 보며 춤추고 노래했지. 노래를 마치면 벼 정령이 산다는 네리야 쪽으로 절을 하는 것으로 축제는 끝이 났어. 그리고 청년은 이 과정을 모두 적어 기록해 후세에 남겼어.

중국 신화

087 서유기 삼장의 이야기

누구나 알고 있는 중국 신화 서유기! 삼장법사와 손오공, 저팔계, 사오정 등 매력적인 등장인물들이 많은데 지금은 삼장법사에 대해 얘기해 볼 거야.

삼장법사는 승려의 길을 걷기 시작하면서 진이라는 성을 버리고 현장이란 이름으로 승려 활동을 시작했어. 현장은 불경을 공부하러 계빈국으로 향했어. 계빈국의 길은 표범과 호랑이가 많았기에 현장은 여객에서 쉬고 다른 길로 가려 했어. 밤이 되자 평상에 머리는 더럽고 온몸에서 피고름이 나는 승려가 한 명 나타났어. 현장은 이 승려가 범상치 않다고 생각해 절을 하고 자신에게 불교의 가르침을 줄 수 있겠냐고 공손히 부탁했어.

승려는 현장의 말을 듣고 다심경 한 권의 내용을 모두 말하며 다심경의 내용을 모두 외우고 계빈국으로 향하라고 조언했지. 밤을 새우면서 현장이 다심경을 다 외우고 계빈국으로 걸어갔는데 표범과 호랑이, 심지어 악귀들조차 현장을 건드리지 못하고 현장은 안전하게 계빈국에 갈 수 있었어.

99퍼센트가 모르는 중국 신화 이야기

계빈국은 옛 중국 땅에서 실제로 존재했던 나라인데 평평한 땅으로 과일과 나무를 재배했고 큰 토지로 원숭이, 공작, 심지어 코끼리까지 키웠어.

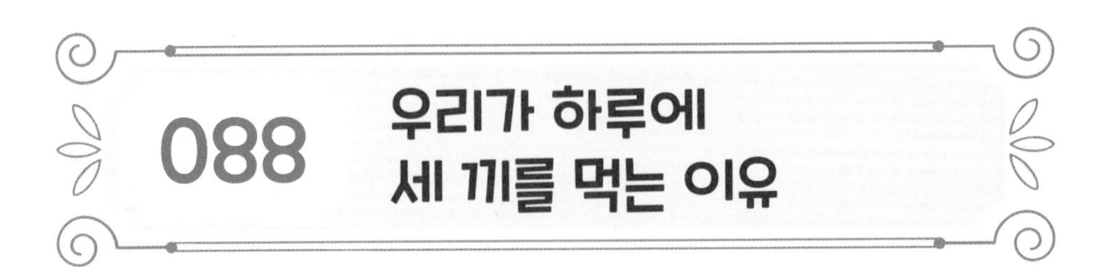

088 우리가 하루에 세 끼를 먹는 이유

아침에 한 번, 점심에 한 번, 저녁에 한 번. 우리는 몸을 챙기기 위해 하루에 세끼를 먹어. 그런데 하루에 세끼를 먹는 이유를 재밌게 풀어낸 신화가 있단다.

아주 오랜 옛날, 사람들이 본격적으로 농사를 짓기 위해 산을 불태웠어. 불에 타고 있는 산의 연기가 하늘에 있는 옥황상제의 눈까지 보이자 옥황상제는 크게 화를 내며 사흘에 한 끼만 먹으라고 명령했는데 옥황상제의 말을 대신 전한 천상의 소의 신 우왕은 인간들이 안쓰러워서 하루에 세끼만 먹으라고 인간들에게 명령을 바꿔 전했단다.

옥황상제는 인간들이 먹는 양이 크게 줄어들지 않자 우왕을 의심했지. 그리고 인간세상을 내려다보았는데 사람들이 아침, 점심, 저녁에 우왕에게 감사함을 전하고 밥을 먹고 있는 걸 알게 되었어. 옥황상제의 의심은 확신으로 바뀌었고 우왕을 인간 세상으로 귀양 보냈지.

인간 세상에서 우왕은 인간들을 위해 밭을 갈았고, 신이지만 인간들과 많은 소통을 해서 인간들은 우왕이 인간세상으로 귀양 온 5월 27일을 우왕절로 정하고 검은 찹쌀밥을 소에게 주면서 하루를 쉬게 해 주었단다.

99퍼센트가 모르는 중국 신화 이야기

우왕절은 수많은 소수민족에게 퍼지고 현재로 내려오면서 장족은 음력 4월 8일, 거로족은 음력 10월 1일 등 날짜만 다르게 이루어지고 있어. 이 날은 소에게 값비싼 여물도 주고 외양간을 씻겨준다고 해.

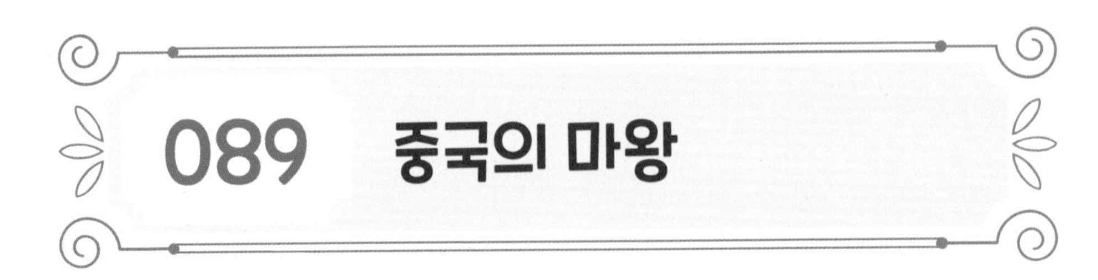

089 중국의 마왕

아주 오랜 옛날. 물과 불, 무기도 통하지 않는 마왕이 있었어. 마왕은 사람들을 습격해 돈을 빼앗고 여자를 납치해 종으로 부렸어. 납치한 여자들이 일곱 명에 다다르자 마왕은 악마 부하들과 축제를 벌이며 술을 마셨어. 마지막으로 납치된 여자는 상당한 미녀였는데 술에 취한 마왕에게 물었어.

"소문으로 당신은 물과 불, 무기에 무적이라 들었습니다. 그럼 당신은 영원히 살겠네요?"

미녀의 물음에 마왕은 목소리를 낮추고 답했지.

"이건 비밀인데 내 머리카락으로 목을 조르면 난 죽어."

미녀는 씩 웃더니 술에 취해 잠이 든 마왕을 그의 머리카락을 이용해 죽여 버렸어! 미녀는 기뻐하며 다른 납치된 여자들에게 마왕이 죽었다고 알려주려 했어. 그런데 땅에 떨어진 마왕의 얼굴 주위에 불이 나더니 마귀들이 생겨난 거야! 미녀는 놀라 소리쳤고 다른 여자들이 미녀의 주위로 모였는데 용감한 여자가 마왕의 얼굴을 들자 불이 꺼지고 마귀들이 생겨나지 않았어.

마왕의 얼굴을 드는 것이 해결책이란 걸 안 여자들은 1년씩 번갈아 가며 들고 그동안 다른 여자들은 더러운 마귀들에 닿고 있는 여자의 몸에 물을 뿌려주자고 약속했지. 이렇게 7년이 지난 4월 3일 마왕의 얼굴에서 마귀가 나오지 않게 되었단다. 이 신화는 다이족에게 알려져 다이족의 새해에 해당하는 매년 4월 중순이 되면 서로 물을 뿌리며 놀았단다.

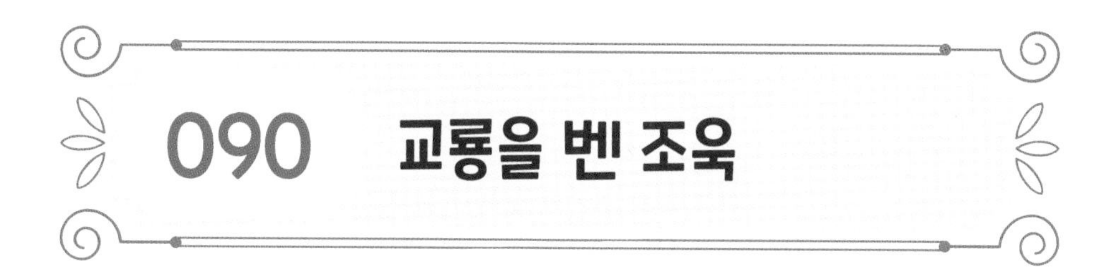

090 교룡을 벤 조욱

중국 수나라, 건이라는 지방에 교룡이 나타나 사람들을 괴롭혔어. 그러자 건을 다스리던 조욱이 무장한 병사 천 명과 남성 만 명을 데리고

교룡을 잡기 위해 떠났어. 조욱은 교룡이 산다는 강 앞에 서서 고함을 치고 북을 두드리며 교룡을 강 밖으로 유인했어. 하지만 교룡은 나오지 않았지.

조욱은 병사들과 남성들을 대기시키고 칼 한 자루를 쥐고 강에 뛰어들었어. 그리고 강 속에 숨어있던 교룡과 싸우기 시작했어. 교룡의 울음소리는 마치 천둥소리 같았지. 싸움이 얼마나 지났을까 점점 강의 물이 핏물로 바뀌었어. 그리고 한 손에는 교룡의 머리를 들고 다른 한 손에는 칼을 쥔 조욱이 강에서 당당하게 걸어 나왔지. 교룡을 죽인 조욱의 영웅담은 널리 퍼졌지만 조욱은 교룡을 죽인 뒤 며칠 후 사라졌어. 그 후 조욱의 소식은 들려지지 않았지.

사람들이 조욱을 잊어갈 때쯤 조욱은 다시 나타나. 중국 수나라가 멸망을 앞두고 있을 때, 가릉강의 물이 넘쳐 사람들을 덮쳤는데 이때 푸른 안갯속에서 사냥꾼들을 거느린 조욱이 나타났어. 흰 말을 탄 조욱은 가릉강의 물을 채찍으로 휘둘렀고 그러자 가릉강의 물이 다시 잠잠해졌다고 해.

091 칠선녀와 동영의 슬픈 사랑

결혼이란 건, 서로 사랑하는 사람과 행복하게 사는 거겠지?! 하지만 옥황상제가 강제로 둘의 사이를 가른 신화가 있어. 바로 홰나무 이야기야.

옛날 천상세계를 심심해했던 칠선녀가 있었어. 칠선녀는 심심함을 없애기 위해 여러 일이 벌어지는 인간세상으로 갔지. 거기서 가난하게 살던 동영을 발견하게 돼. 동영은 아버지의 장례를 치를 돈이 없자 자신을 팔아 장례식을 하게 돼. 그 모습을 본 칠선녀는 동영만큼 선한 남자가 없다는 생각에 늙은 홰나무 정령에게 중매를 서게 하고 동영과 결혼했어.

아버지의 장례를 치른 동영은 빚을 갚으러 부원외로 향했어. 그런데 부원외의 주인에게 준 문서에 가족이 없다고 적었었는데 칠선녀와 결혼하면서 문서의 내용과는 다르게 된 거야! 주인은 하룻밤 안에 비단 열

필을 짜내면 3년 동안 해야 할 일을 100일만 하고 보내준다고 했어. 동영은 당황했지만 칠선녀는 당당하게 알겠다고 답했어. 그리고 저녁이 되자 동영에게 먼저 자라고 하고 난향을 꺼내 향을 피워 선녀 언니들을 불러 하룻밤 안에 비단 열 필을 짜냈어.

다음 날 아침, 칠선녀는 보란 듯이 주인에게 비단 열 필을 주었고 칠선녀는 동영에게 임신했다고 말했어. 동영은 기뻐하며 낡은 집을 허물고 다시 집을 지으며 행복한 결혼 생활을 꿈꿨어. 그런데 갑자기 천둥이 치더니 옥황상제의 신하들이 하늘에서 내려와 칠선녀에게 사랑하는 동영이 죽는 걸 보고 싶지 않으면 12시까지 천상세계로 돌아오라는 옥황상제의 말을 대신 전했어. 칠선녀와 동영은 눈물을 흘리며 홰나무 아래에서 부부의 연을 끊었고 칠선녀는 복숭아나무 꽃이 피는 4월의 홰나무에 아들을 놓겠다는 약속을 하고 하늘로 올라가 버렸단다.

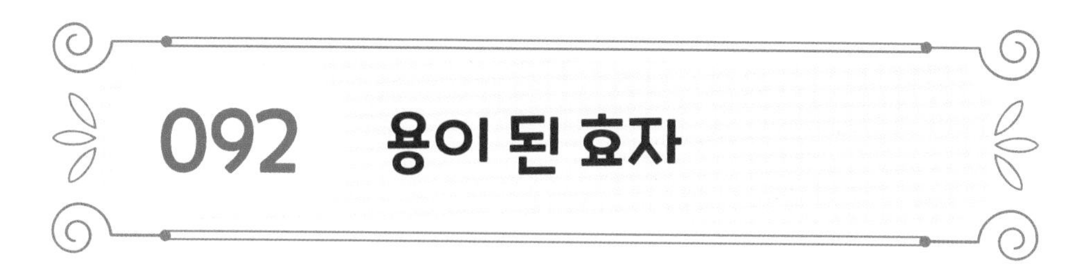

092 용이 된 효자

이무기가 아닌 사람이 신의 구슬을 얻어 용이 된 이야기를 들려줄게.

옛날에 가난한 효자가 있었어. 끼니도 거르며 어머니에게 밥을 먹였던 효자를 본 신이 그에게 구슬을 내려줬어. 효자가 창고에 구슬을 넣었더니 하룻밤 만에 창고에 쌀이 가득해진 거야! 놀란 효자는 쌀로 어머니에게 맛난 밥을 지어주고 남은 쌀을 팔아 부자가 되었어. 마을 사람들은 효자의 이야기를 듣고 효자의 구슬을 빼앗으려고 했는데 효자가 구슬을 지키려고 삼켜버리자 용이 되어 어머니가 살고 있는 자신의 집을 제외한 마을 사람들과 농작물들을 불태워 죽이고 하늘 높이 날아갔어.

시간이 지나 영웅 이빙의 귀에 이 소식이 들려왔고 이빙은 아들 이랑과 함께 용을 죽이기 위해 관음보살과 함께 원정을 떠났어. 결국 용이 된 효자와 영웅 이빙과 이랑이 만나 싸웠지만 둘의 힘에 밀려 용이 된 효자는 도망쳤어. 도망치던 중 어머니의 모습을 한 할머니가 국숫집을 하는 모습을 발견해. 효자는 어머니 생각에 사람으로 변신해서 국숫집에서 젓가락을 들었는데 젓가락이 감옥으로 변하더니 효자를 가둬버렸어. 효자는 당황했는데 할머니의 정체는 관음보살이었지.

효자는 관음보살에게 마을을 없애버려서 죄송하다고 빌었고 관음보살은 효자의 효심을 높게 사서 이빙과 이랑에게 죽임을 당하지 않게 놓아주었어, 그리고 이방과 이랑에게 효자를 죽이지 말라고 일러주었단다.

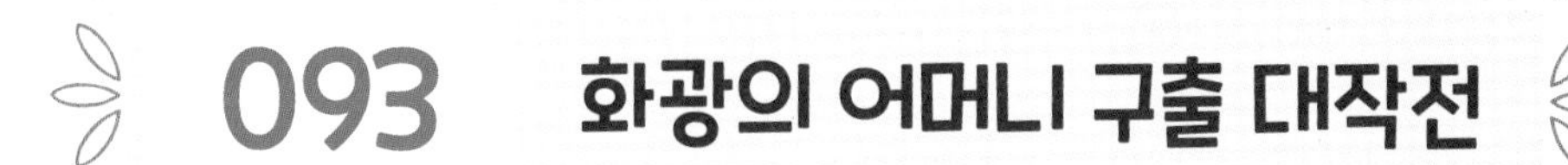

093 화광의 어머니 구출 대작전

불교에는 환생을 여러 번 해서 불교의 가르침을 깨닫는 윤회 사상이라는 게 있어. 그리고 화광이라는 사람은 신들의 벌로 환생하게 되었어. 화광의 이야기 들어보지 않을래?!

화광이란 이름은 묘길상 동자가 환생을 여러 번 하고 인간 세상의 아이로 태어나서 얻은 이름이야. 환생했지만 신통력이 있어서 어릴 때부터 여러 말썽을 일으켰고 청년이 되어서 철선공주와 결혼했어.

화광은 결혼하고 행복하게 지냈어. 하지만 행복한 결혼 생활 중 어릴 때 돌아가신 줄 알고 있던 어머니가 사실은 길지타성모라는 요괴인 걸 알게 됐어. 사람들을 계속 잡아먹어 저승에 가둬진 거였지. 화광은 어머니를 치료하기 위해 제천대성의 모습으로 변해 선도를 훔쳤어. 저승으로 당당하게 들어간 화광은 어머니에게 선도를 먹여서 사람을 잡아먹지 않게 치료했어. 사실을 알게 된 제천대성은 크게 분노했고, 화광에게 덤벼들었어! 하지만 화광은 침착하게 불 공격으로 맞대응해 제천대성을 물러나게 했지.

제천대성은 딸인 월패를 시켜 그녀가 가지고 있던 해골의 정수리를 두드려서 화광의 머리가 깨질 정도로 아프게 주술을 걸었어. 화광이 주술로 고통스러워하자 화염왕 광불이 화광과 제천대성을 화해하게 하고 월패가 두드린 정수리 부분을 깎았더니 화광의 머리가 나았어. 죽을 정도로 아팠는지 화광은 이후로 더 이상 말썽을 피우지 않고 조용히 불경을 공부했다고 해.

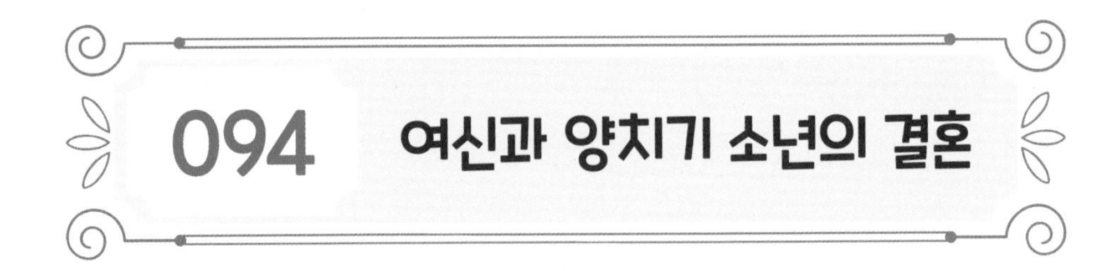

094 여신과 양치기 소년의 결혼

중국 소수민족 창족은 매년 음력 10월 1일에 천신에게 감사드리는 축제를 여는데 이것은 천신이라는 신화가 있어서 그래. 어떤 이야기일까?

아주 오랜 옛날, 양치기 소년 더우안주가 있었어. 어느 날, 천신의 셋째 딸 무제주를 만났는데 서로 첫눈에 반해 함께 하늘나라로 올라가 천신에게 결혼을 허락해 달라고 했어. 결국 천신은 더우안주가 딸에게 어울리는지 시험을 내렸어.

첫 번째 시험으로 하늘에서 던지는 돌과 땔감을 가져오라는 거였는데 무제주가 공중에서 어디에 돌과 땔감이 떨어졌는지 더우안주에게 알려 주며 첫 번째 시험을 통과했어.

다음 날 두 번째 시험으로 하룻밤 안에 돌로 엉망인 밭을 유채 씨앗 밭으로 바꾸라고 했어. 더우안주는 무제주의 도움으로 돌을 모두 없애고 유채 씨앗을 뿌렸어.

두 번째 시험도 통과하자 세 번째 시험을 내렸는데 밭에 뿌린 유채 씨앗을 하나도 땅에 떨어뜨리지 않고 멜대에 가져오라는 거였어. 멜대는 구멍이 있었지만 무제주가 멜대를 여러 개 겹치자 유채 씨앗을 넣어도 멜대 구멍으로 유채 씨앗이 흐르지 않아서 세 번째 시험도 통과했어.

천신은 더우안주가 모든 시험에 통과하자 무제주와의 결혼을 허락하고 지상으로 가는 대신 삼나무 씨앗과 가시관목 씨앗을 주면서 삼나무 씨앗은 낮은 언덕에, 가시관목 씨앗은 높은 언덕에 뿌리라고 말했어. 그리고 동물들에게 무제주와 더우안주를 보호하라고 명령했어.

결혼한 둘은 즐겁게 더우안주의 집으로 향했는데 더우안주가 산속에서 갑자기 뒤를 돌아보자 놀란 동물들이 흩어져 동물들은 산속에서 살게 되었어. 또 낮은 언덕에 뿌리란 삼나무 씨앗을 높은 언덕에 뿌리고, 높은 언덕에 뿌리란 가시 관목 씨앗은 낮은 언덕에 뿌려버리고 말아. 하지만 둘은 힘을 합쳐 삼나무를 베어 집을 짓고 가시들을 베어 밭을 갈며 행복하게 지냈어.

095 달의 빛을 막은 야라

달에 토끼가 살고 있다는 얘기 들어봤지?! 그런데 이런 얘기가 고대 중국에 살았던 야오족에도 있었어.

아주 오랜 옛날, 하늘에 태양만 있었을 때. 달과 별이 없어서 밤만 되면 어두워 아무것도 보지 못했어. 그러던 어느 날 밤, 울퉁불퉁한 달이 떠올랐어. 달을 본 사람들이 밤에도 환할 거라 기대했지만, 달은 뜨거운 열기를 내뿜어 농작물과 자고 있던 동물들을 죽이고 말았지! 사람들은 달의 뜨거운 열기에 밤에는 더욱 밖에 나가지 않게 되었어.

마을에는 명궁인 야라가 살고 있었는데 그의 아내가 야라에게 말했어.

"당신은 활을 잘 쏘니 저 달을 쏘아 떨어뜨려 주세요."

아내의 말에 야라는 산꼭대기에 올라 화살을 쐈지만 달이 너무 멀어 맞추지 못했어. 야라는 고민에 빠졌지. 그때, 뒤에서 한 할아버지가 동굴에서 나와 남산의 호랑이와 북산의 사슴을 먹으면 강해진다고 했어. 호랑이의 힘줄로는 활시위를, 사슴의 뿔로 화살을 만들라는 조언도 했지.

야라는 할아버지의 말대로 활과 화살을 만들어 쐈어. 달은 화살에 맞았고 울퉁불퉁한 부분이 떨어져 별이 되었어. 야라는 계속해서 달을 맞췄지만 별만 생겨났고 달은 떨어지지 않았지. 야라는 아내 니어를 찾아가 아무리 화살을 맞혀도 달이 떨어지지 않는다고 말했어. 자신의 모습과 마을의 계수나무, 풀을 뜯어 먹는 토끼의 모습들을 옷감에 새기고 있던 니어는 남편의 고민을 듣고 자신이 짜고 있던 옷감을 남편에게 주었어. 그리고 이 옷감을 화살촉에 감아 달로 향해 쏘면 옷감이 달의 뜨거운 온기를 막아줄 거라 했어.

야라가 다시 산꼭대기에 올라 화살을 쏘니 니어의 말대로 옷감이 달의 온기를 막아주었고 달에 화살이 박혔지. 옷감에는 니어의 모습이 그려져 있었기에 니어는 달로 날아갈 수 있었어. 달로 간 니어는 자신의 머리카락을 댕기처럼 만들어 내렸고 야라는 니어의 머리카락을 잡고 달로 올라가서 아내와 함께 달에서 토끼들을 돌보며 행복하게 살았단다.

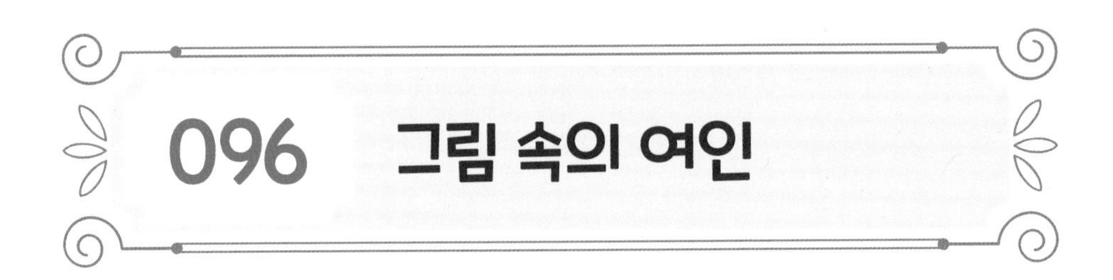

096 그림 속의 여인

그리스 로마 신화에 피그말리온이 있다면 중국 신화에는 조안이 있어.

당나라 진사 조안은 장식용 그림을 찾고 있었는데 지금까지 봤던 어

떤 여자들하고도 비교가 안 될 만큼 아름다운 여자가 그려진 그림을 보게 됐어. 조안은 그림을 그린 화가에게 "이렇게나 아름다운 여자는 본 적이 없습니다. 만약 살아난다면 제 아내로 맞이하고 싶습니다"라고 말했어. 그러자 화가가 씩 웃더니 "이 여인의 이름은 진진이며 100일 동안 진진의 이름을 부르시면 진진이 깨어날 것입니다. 그리고 깨어나는 즉시 백가채회주를 그림에 부으시면 진진이 살아날 것입니다"라고 말했어. 조안은 화가가 장난치는 걸로 생각하면서도 그림을 구입해서 진진의 이름을 100일 동안 불렀어.

그런데 100일이 되던 날, 진진이 "예!"라고 대답했고 조안은 깜짝 놀라 백가채회주를 그림에 부었더니 진진은 그림의 모습과 똑같이 살아난 거야! 진진은 사람으로 만들어 준 보답으로 조안과 결혼해 아기를 낳았어. 아이가 두 살이 되자 조안의 친구가 아이를 보더니 이 아이는 요괴의 아이이니 내가 가지고 있는 요괴를 죽이는 칼인 신검으로 아이를 죽이라고 조언했어.

조안은 고민하다 신검으로 아이를 죽이려고 했는데 진진이 이 광경을 보고 눈물을 흘리며 자신의 정체를 밝혀버렸어.

"저는 남악의 신선입니다. 저의 모습을 누군가가 그렸고 당신의 간절한 부름에 응답해 제가 이렇게 당신과 사는 것입니다. 그런데 저와 제 아기를 요괴라고 의심하시니 저는 당신과 같이 살 수 없습니다!"

이렇게 소리치고 백가채회주를 토하더니 진진은 아이를 안고 그림으로 들어가 버렸어. 그리고 그림은 이제 진진 혼자가 아니라 아이를 안고 있는 그림으로 바뀌어 있었어.

097 장천옹과 유천옹의 흰 참새

흰 참새는 지금도 보기 힘든 동물이야. 그런데 왜 다른 참새들처럼 흰 참새는 많이 없는 걸까?

아주 오랜 옛날, 중국 어양에는 장천옹이 살았는데 그가 친 그물에 아름다운 흰 참새가 잡혔어. 장천옹은 처음 보는 흰 참새를 집에 데려와

길렀어. 그런데 꿈에 유천옹이 나타나 “네 놈이 흰 참새를 집에서 기르니 흰 참새가 멸종할 것이다!”라며 장천옹을 죽이려고 했어. 하지만 흰 참새가 매번 유천옹이 언제 장천옹을 공격할지 알려주었어. 덕분에 장천옹은 매번 목숨을 건질 수 있었지.

화가 난 유천옹은 하늘에서 백룡이 모는 수레를 타고 장천옹의 집으로 내려왔어. 유천옹을 맞이한 장천옹은 맛있는 음식들을 보여주며 어서 드시라 말했어. 유천옹은 고맙다며 음식들을 먹고 있었는데 장천옹이 흰 참새를 품고 바깥으로 나가 백룡이 모는 수레를 타고 하늘로 도망치기 시작했지.

갑자기 들린 백룡의 울음소리에 놀란 유천옹이 나가보니 수레를 몰고 있는 장천옹이 하늘로 도망치는 걸 발견했어. 유천옹은 강에서 쉬고 있는 용을 타고 장천옹을 쫓았어. 하지만 백룡을 쫓을 수는 없었고 장천옹이 먼저 하늘의 궁궐 현궁에 도착했어.

장천옹은 현궁의 상경 후에 참새를 보관했고 더 이상 지상세계에서 흰 참새의 후대가 나오지 않도록 흰 참새들을 모두 관리했어. 하지만 지상세계에 흰 참새는 존재해야 했기에 장천옹이 가끔 흰 참새를 지상세계에 보내주고 있단다.

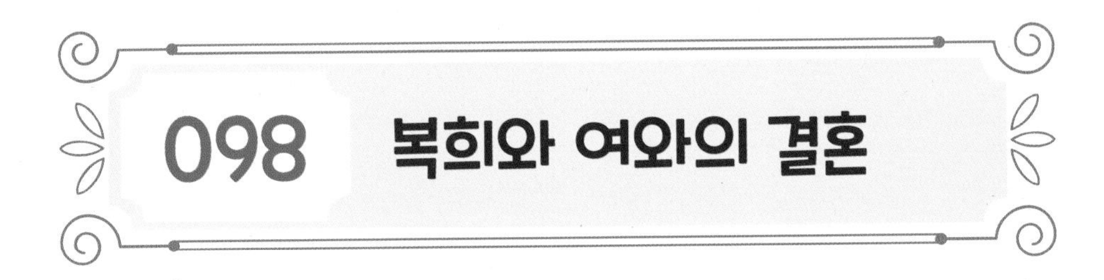

098 복희와 여와의 결혼

중국 신화에서 인간을 창조한 복희와 여와의 신화가 있어. 이 신화는 홍수로 인해 세상이 한 번 멸망하고 복희와 여와가 결혼해 새로운 시대가 펼쳐진다는 이야기야.

아주 오랜 옛날, 천둥과 비를 다스리는 우레신과 땅을 다스리며 농사를 책임진 대성신이 있었어. 대성신은 우레신에게 풍년이 되도록 비를 적당히 내리면 1년 치 쌀의 반을 준다고 약속했어. 하지만 우레신이 대성신의 쌀 창고에 천둥을 내려서 쌀을 불태웠고, 화가 난 대성신은 우레신을 감옥에 가두고 아들 복희와 딸 여와에게 우레신에게 물을 주지 말라고 명령했어. 하지만 복희와 여와 남매는 고통스러워하며 물

을 달라는 우레신의 부탁에 어쩔 수 없이 한 모금의 물을 우레신에게 주고 말았어.

우레신은 물 한 모금을 마시자마자 감옥에서 탈출했어. 그리고 이빨로 조롱박을 만들어 남매를 조롱박 안에 가두고 홍수를 일으켜 대성신을 익사시켰어. 이어서 땅에 사는 모든 생물을 멸망시켜 버렸지. 그렇게 땅 위의 모든 생명체가 자취를 감췄어.

하지만 조롱박 안에 갇혀있던 남매는 살아남았어. 일주일이 지나자 홍수는 멈췄고 조롱박은 곤륜산 정상에서 갈라졌어. 남매가 조롱박에서 나와 땅에 발을 딛자 물속에서는 자라가 나왔고, 하늘에선 까마귀가 나왔어. 그리고 나타난 태백선인이 남매가 결혼하여 인류를 만들어야 한다고 했어. 남매는 결국 결혼하고 여와는 임신했어.

시간이 지나 여와가 낳은 것은 동그란 덩어리 하나였어. 덩어리는 일주일이 지나더니 작은 유채 씨앗으로 변했고 남매는 깨와 함께 유채 씨앗들을 곤륜산 정상에서 흩뿌렸어. 유채 씨앗들이 산과 땅에 떨어지자 인간으로 변하면서 새로운 시대가 시작되었어.

99퍼센트가 모르는 중국 신화 이야기

> 복희와 여와는 인간의 상체에 뱀의 하반신을 가졌어. 그래서 복희와 여와가 어깨동무를 한 채 서로를 마주 보고 하반신은 꼬여있는 그림이 많아.

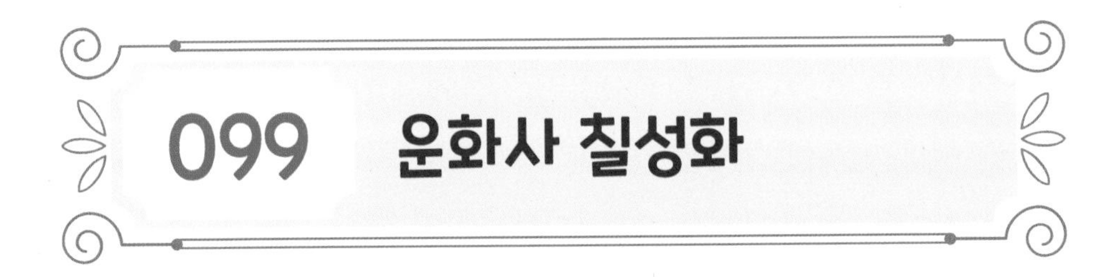

099 운화사 칠성화

과연 사람처럼 그림을 잘 그릴 수 있는 동물이 있을까?! 그런데 이 신화에서는 비둘기가 그림을 그려. 바로 운화사 칠성화야.

옛날 중국에서 한 스님이 운화사란 절을 지었고 화가들에게 절에 그림을 그려달라고 부탁했지만 화가들이 요구하는 돈이 너무 많아 스님

은 돈을 내지 못했어.

어느 날, 스님의 앞에 두 소년이 나타나 물었어.

"저희는 그림을 잘 그리며 보수 없이 운화사에 그림을 그리고 싶습니다. 그래도 되겠습니까?"

스님은 반갑게 두 소년을 맞이하고 두 소년이 그린 그림을 보고 싶어 했어. 그러자 두 소년이 말했어.

"저희는 이 형제가 아닌 칠 형제이며 이전에 그림을 그려본 적이 없어 보여 드릴 그림이 없사옵니다."

스님은 그 말에 불안했지만 하루가 지나자 다섯 명의 형제가 그림 도구를 들고 운화사에 도착했고 스님에게 말했어.

"이제부터 절 안의 전당에 그림을 그리겠습니다. 다만 일주일 동안 전당의 문을 열지 마시고 저희를 위해 음식을 주지도 말아 주십시오."

스님은 어리둥절했지만 고개를 끄덕이고 소년들이 전당 안에 들어가자 문을 닫아줬어. 시간이 지나 소년들이 전당에 들어간 지 6일째가 되었지만 붓을 움직이는 소리도, 소년들의 목소리도 전혀 들리지 않았어. 스님은 무슨 문제가 생겼나 보다 하고 전당의 문을 열자 전당 안에 있던 일곱 마리의 비둘기가 전당의 창문을 통해 하늘 높이 훨훨 날아가 버린 거야!

맞아. 비둘기는 일곱 소년의 본모습인 거지. 어쨌든 스님이 문을 연 탓에 서북쪽 벽만 그림을 완성하지 못해서 스님은 화가를 불러 이 그림을 완성해 주기를 바랐어. 하지만 화가들은 그림을 볼 때마다 대단한 솜씨라며 자신은 이 그림을 완성할 수 없다고 거부했다고 해.

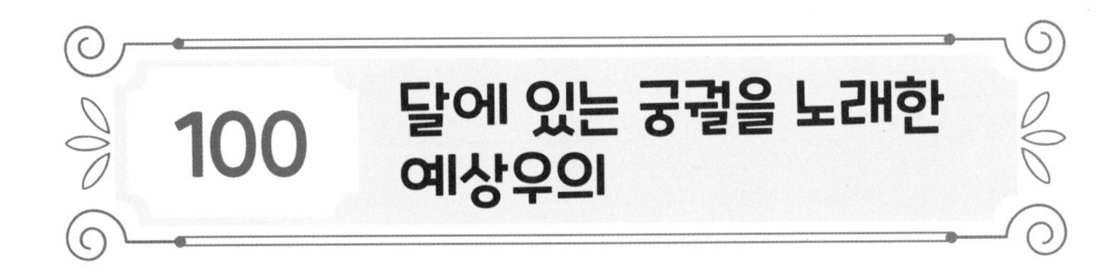

100 달에 있는 궁궐을 노래한 예상우의

달이 환하게 뜬 8월 15일, 당나라의 황제 현종과 나공원은 궐내에서 달을 보며 술을 마시고 있었는데 나공원이 이렇게 물었어.

"신화 속으로만 전해진 월궁을 보고 싶지 않으십니까?"

그러자 현종은 달을 보며 고개를 끄덕였어. 나공원이 지팡이를 하늘로

던지자 달로 향하는 은으로 된 다리가 만들어졌어. 나공원과 현종이 은 다리를 10리 정도 걸었더니 큰 궁궐에 도착했어.

"이곳이 월궁입니다."

나공원이 말하며 궁궐 문을 열었어. 궁궐 안에서는 하얀 옷과 무지개 명주를 쥔 수백 명의 선녀들이 춤추며 노래를 부르고 있었고, 현종은 아름다운 노랫소리에 푹 빠져 이 곡의 이름이 뭐냐고 물었어.

"예상우의입니다."

나공원의 대답을 듣고 현종은 예상우의의 가락을 모두 외웠어. 선녀들의 춤과 예상우의를 감상하고 있던 현종은 월궁의 찬 기운에 몸이 차가워지자 은 다리를 걸어 궐내로 돌아왔어. 그런데 현종이 두 발을 궐내에

딛자마자 은 다리는 사라져 더 이상 월궁으로 갈 수가 없게 되어버렸어.

다음 날 아침, 현종은 악공들에게 월궁의 모습과 예상우의의 가락을 들려주며 똑같이 만들라 명령했고 완성된 예상우의곡은 세상 널리 퍼져 나갔어.

99퍼센트가 모르는 중국 신화 이야기

실제로 당나라 황제 현종이 중국의 4대 미인 중 하나인 양귀비에게 반해 아내로 삼았고 그녀를 위해 예상우의를 지었어.

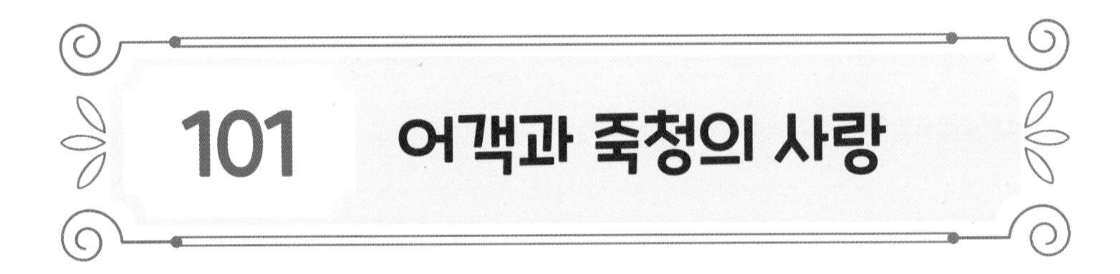

101 어객과 죽청의 사랑

아주 오래전, 어객이란 사람이 과거시험에 떨어져 고향인 호남으로 가고 있었어. 그런데 돈이 없어 숙소를 잡지 못하고 오나라 왕의 무덤에 기대어 밤을 보냈어. 거기서 어객은 꿈을 꿨는데 오나라 왕이 나타나 검은 옷을 주며 까마귀로 변신해서 뱃사람들에게 고기를 얻어먹으라고 명령했어.

꿈에서 깨어난 어객의 손에 꿈에서 받은 검은 옷이 있었어. 어객이 검

은 옷을 입자 진짜 까마귀로 변신했고 그때부터 어객은 까마귀의 삶을 살았어. 오나라 왕은 혼자 사는 어객이 불쌍해서 짝으로 까마귀 죽청을 보내 주었고 마음이 맞았던 두 까마귀는 행복하게 지냈어. 하지만 얼마 되지 않아 어객이 사냥꾼의 총에 맞아 죽고 말았어. 그런데 죽은 어객은 사람의 모습으로 되살아나게 되었어. 사람으로 다시 태어난 어객은 고향에서 과거시험을 공부하며 살았지.

그러던 어느 날 밤, 한 여인이 문을 두드리더니 자신은 당신의 까마귀 아내 죽청이며 자신의 고향인 한수에서 같이 살자고 했어. 하지만 어객은 과거시험에 통과해야 했기에 죽청의 말을 무시했고 둘은 밤새도록 싸웠어.

어객이 싸우다 지쳐 쓰러져 잠이 들었어. 그러다 잠에서 깨어났는데 깨어난 장소가 한양인 거야! 어객이 놀라 주위를 살폈는데 옆에는 아내인 죽청이 있었어. 알고 보니 죽청이 어객의 의지를 깨닫고 한양까지 어객을 데려다준 거야. 죽청은 한수에 가겠다는 말을 남기고 떠났어.

과거시험에 통과한 어객은 다시 까마귀로 변신해 한수로 향했어. 한수의 섬에는 한수의 여신들에게 보살핌을 받는 임신한 죽청이 있었지. 어객은 서둘러 죽청에게 날아갔고 사람으로 돌아와 죽청과 재회했어.

재회의 기쁨을 나눈 후에 죽청은 알을 낳았고 알을 깨니 남자아이가 태어났어. 죽청은 남자아이의 이름을 한수의 이름 따서 한산이라 정했고 가족이 된 세 사람은 죽을 때까지 행복하게 살았다고 해.

101가지 쿨하고 흥미진진한 신화 이야기

1판 1쇄 인쇄 2023년 7월 15일
1판 1쇄 발행 2023년 7월 20일

지은이 한주, 윤지웅
펴낸이 이윤규

펴낸곳 유아이북스
출판등록 2012년 4월 2일
주소 서울시 용산구 효창원로 64길 6
전화 (02) 704-2521
팩스 (02) 715-3536
이메일 uibooks@uibooks.co.kr

ISBN 979-11-6322-099-2 43200
값 15,000원